ANDREAS BOPPART (HRSG.)

Hoffnung

ZUVERSICHT IN ZEITEN VON CORONA

SCM
Hänssler

SCM

Stiftung Christliche Medien

SCM Hänssler ist ein Imprint der SCM Verlagsgruppe, die zur Stiftung Christliche Medien gehört, einer gemeinnützigen Stiftung, die sich für die Förderung und Verbreitung christlicher Bücher, Zeitschriften, Filme und Musik einsetzt.

MIX
Papier aus verantwortungsvollen Quellen
FSC® C083411
FSC
www.fsc.org

Max-Eyth-Straße 41 · 71088 Holzgerlingen
Internet: www.scm-haenssler.de; E-Mail: info@scm-haenssler.de

Lektoriert von Christina Bachmann
Umschlaggestaltung: Grafikbüro Sonnhüter, www.grafikbuero-sonnhueter.de
Titelbild: Zoran Milic, feel plus, davooda / shutterstock.com
Satz: Christoph Möller, Hattingen
Druck und Verarbeitung: CPI books GmbH, Leck
Gedruckt in Deutschland
ISBN 978-3-7751-6091-9
Bestell-Nr. 396.091

INHALT

PROLOG FÜR HOFFNUNGS-MENSCHEN

Kann der Flügelschlag eines Schmetterlings in Brasilien einen Tornado in Texas auslösen? Diese Frage prägte der Meteorologe Edward N. Lorenz. Als ich seine Theorie des Schmetterlingseffekts zum ersten Mal hörte, war ich fasziniert von dem Wahrheitsgeruch dieser simplen Fragestellung und gleichzeitig konnte ich kaum an die globale Auswirkung solch minimaler Auslöser glauben.

Vor allem schien es mir undenkbar, dieses Phänomen einmal am eigenen Leib und dermaßen drastisch zu erleben. Ganz unabhängig davon, was diese hartnäckige Form des Coronavirus tatsächlich in Gang gesetzt hat – es überstieg schlicht meinen Vorstellungshorizont, dass ein mikroskopisch kleines Virus, das Tausende von Kilometern von meinem Garten entfernt beginnt, seine Runden zu drehen, auch nur den geringsten Einfluss auf meinen Freiraum und meine Hobbys haben könnte, auf mein Beziehungsnetz, meine Agenda, meine Arbeitssituation, meine Gesundheit, meine Frisur, meine Finanzen (nicht zuletzt durch überteuerte Online-Versandgebühren für billigste Artikel) und auf meine Stresshormonproduktion, weil plötzlich vier Kinder von heute auf morgen stundenlang von uns Eltern beschult werden müssen und wir dabei auf gefühlten 73 Kommunikationskanälen mit gefühlten 83 Lehrpersonen in einer Dauerkommunikationsschleife hängen.

Mit ungeahnter Vehemenz wird nun das Netz sichtbar, dass wir global und unzertrennbar gespannt haben. Ich bin kein Gegner dieser weltweiten Vernetzung – solange wir uns der Kosten bewusst sind. Und wir tun gut daran, das Preisschild nicht einfach heimlich verschwinden zu lassen, um dann überrascht auszurufen, dass es uns nun doch zu teuer werde.

Immer wieder ist es vorgekommen, dass Menschen unserem Planeten mit einem Flügelschlag einen zusätzlichen Spin gegeben und die Weltgeschichte mit ihrer Lebenslinie in ein »Vorher« und ein »Nachher« geteilt haben. Im Guten wie auch im Schlechten. Da waren die Entdeckungen des Penicillin durch Alexander Flemming (1928) und der Radioaktivität durch Marie Curie (1898). Der tunesische Gemüsehändler Mohamed Bouazizi leitete mit seiner Selbstverbrennung 2010 den arabischen Frühling ein und der Slogan »Me too« der Menschenrechtsaktivistin Tarana Burke ging 2017 als Hashtag um die Welt. Adolf Hitler stürzte die Welt 1939 in einen Krieg, der Millionen Menschen das Leben kostete, Mutter Teresa erhielt 1979 den Friedensnobelpreis für ein Leben der Aufopferung für Menschen in Not, das Millionen inspirierte.

In der endlosen Liste von Persönlichkeiten, die unsere Weltgeschichte für immer verändert haben, darf allerdings auch Jesus Christus nicht ungenannt bleiben, der vor rund 2000 Jahren ein völlig neues Konzept von Vergebung sowie eine bahnbrechende Dimension der Nächstenliebe einführte und gleichzeitig eine persönliche und intime Gottesbeziehung vorlebte, wie sie bis dahin unbekannt war. Sein Leben, seine Taten bis hin zu seinem Sterben waren dermaßen signifikant, dass wir selbst unsere Zeitrechnung nach ihm ausgerichtet haben.

Die Frage ist: Wie gehst du persönlich damit um, wenn du plötzlich selbst von einem solchen Einschnitt betroffen bist? Wie gehst du damit um, wenn du dich unerwartet in eine Krise katapultiert siehst? Was lösen große umwälzende Bewegungen bei dir aus? Vor allem Ängste oder auch Hoffnung? Stürzt du dich in verschenkende Solidaritätsaktivitäten oder flüchtest du instinktiv in einen Überlebensmodus? Schreibst du die Situation dem Leben zu, Gott oder irgendwelchen bösartigen Machenschaften von Menschen?

Es ist erstaunlich zu beobachten, wie unterschiedlich wir Menschen auf diese Krisensituation reagieren. Natürlich spielt die jeweilige Persönlichkeit eine große Rolle, gleichzeitig aber auch unsere Lebensumstände. Das war und ist auch in der gegenwärtigen Krise zu beobachten: Während die einen entspannt die gähnende Leere ihrer Agenda in ihrem Privatgarten genießen und die Vorzüge des Auseinanderfallens des öffentlichen sozialen Lebens feiern, ringen die anderen mit existenziellen Herausforderungen – dem Verlust des Jobs, der Firma oder von geliebten Menschen. Während Singles in ihrer Einzimmerwohnung an der Isolation leiden, leiden manche Beziehungen darunter, dass man sich nicht mehr aus dem Weg gehen kann. Manche suchen nach einem tieferen Sinn, andere versuchen, der Sache einen tieferen Sinn zu geben. Und wieder andere leben sinnfrei drauflos.

Ich persönlich entdecke in all dem, dass es meist gewinnbringend ist, die Frage »Warum, Gott?« mit der Frage »Wo bist du, Gott?« auszutauschen. Es ist wohltuend, im Leben immer wieder einmal innezuhalten – egal, ob wir uns gerade in einer angespannten oder entspannten Phase befinden – um ganz ehrlich dieser Frage Raum zu geben: »Wo bist du, Gott?«

Gerade in diesen Einschnittszeiten, wenn nichts mehr ist, wie es vorher war, ist erfahrbar, dass dieser Gott der Bibel ein Gott der Hoffnung ist und für uns zur Quelle der Hoffnung werden will. Genau darum geht es in diesem Buch: Es kommen Menschen zu Wort, die an dieser Quelle verändert worden sind, die selber Krisen durchlebt haben, die oftmals abgetaucht, aber immer wieder zur Hoffnung durchgedrungen sind. Es sind ehrliche Lebensausschnitte, eine Sammlung hilfreicher Erfahrungen in einer unglaublichen Farbpalette. Vielleicht werden dir nicht alle Farben zusagen, aber gut möglich, dass dir ein, zwei Farben – gemalt von diesen Hoffnungsmenschen – sehr lieb werden.

Ihre Erfahrungen können dir dabei helfen zu entdecken, dass Hoffnung nicht an deine Lebensumstände geknüpft sein muss. Unabhängig von unseren inneren und äußeren Voraussetzungen ist es möglich, mit einem Grundrauschen der Hoffnung durchs Leben zu gehen. Und nötig. Denn Hoffnung ist der Herzschlag des Lebens.

Für mich sind die Autorinnen und Autoren die verkörperte Hoffnung, die jeweils auf ihre Art und mit ihrer Persönlichkeit einen unglaublichen Horizont der Hoffnung malen. Es sind Hoffnungsstimmen, die diesen essenziellen Antriebsstoff des Lebens in unsere Gesellschaft hineinsprechen.

Hoffnung ist ansteckender als jedes Virus. Und kraftvoller. Denn anstatt Leid und Sterben bringt sie Leben. Ich wünsche mir, dass dieses Buch – unabhängig davon, wie aussichtslos und verzweifelt deine Situation vielleicht auch sein mag – in deinem Inneren Hoffnung zum Leben erweckt. Möge dich das Durchlebte dieser Hoffnungsmenschen zum Weinen, Lachen und Nachdenken bringen – und immer wieder zur Frage »Wo bist du, Gott?« führen.

Auf dass die folgenden Seiten zu einem Schmetterlingsflügelschlag in deinem Leben werden, die Hoffnung wachsen lassen und die Sehnsucht wecken, selbst zu einem Hoffnungsmenschen zu werden.

Andreas »Boppi« Boppart, April 2020

NOTSTAND IST NORMAL

ANDREA WEGENER

Es hat gestern geregnet. Und wie so oft war die Kanalisation überfordert: Vor dem Eingang zum Camp schwimmen in einer Pfütze aus Abwasser Flöckchen von Exkrementen. Der Gestank lässt mich würgen, als ich möglichst schnell hindurchstapfe. Der Polizist, der sonst mein Namensschild kontrollieren würde, hält sich angeekelt seine Corona-Gesichtsmaske vor Mund und Nase und winkt mich entnervt durch. Willkommen in Moria!

Seit eineinhalb Jahren arbeite ich im berühmt-berüchtigten Hotspot Moria auf der Insel Lesbos am Rande Europas. Bis zu 20 000 Menschen aus rund 60 ethnischen Gruppen von Sierra Leone über Afghanistan bis Bangladesch hausen hier auf einem Gelände, das ursprünglich für knapp 3000 angelegt war, die meisten illegal in Olivenhainen um das eigentliche Camp herum, ohne Strom und manchmal mit einigen hundert Metern Fußweg zum nächsten Waschbecken. Viele haben Fieber, psychische Probleme oder schlimme Hautausschläge, aber zu den Ärzten auf dem Gelände kommt man inzwischen nur noch mit lebensbedrohlichen Notfällen. Messerstechereien sind die übliche Methode, Konflikte zu klären; gerade letzte Woche ist wieder einer der unbegleiteten Minderjährigen dabei umgekommen. Die Polizei patrouilliert schon lange nicht mehr im Olivenhain; dort herrscht das Recht des Stärkeren. Viele, gerade auch Familien mit kleinen Kindern, leben in ständiger Anspannung. Sie wissen nicht, wie viele Monate oder gar Jahre sie hier ausharren müssen, nur um am Ende vielleicht doch in ihre von Terror und Armut zerfressene Heimat deportiert zu werden.

Hinter dem, was einige Sätze hier nur grob skizzieren, stecken 20 000 Einzelschicksale: Die 13-jährige Afghanin, die den Geschäftspartner ihres Vaters heiraten sollte und mit ihrer Mutter vor ihrem Clan geflüchtet ist. Die sechsköpfige Familie, deren Ältester vor vier Jahren beim Heimweg von der Schule von einer Mine zerrissen wurde und deren andere Kinder seither keinen Unterricht mehr besucht haben – die Jüngste hat seither kein Wort gesprochen. Der hochrangige Mitarbeiter eines Ministeriums, der um sein Leben fürchten muss, seit sich eine neue Regierung an die Macht putschte. Der Elfjährige, der mit seinem 16-jährigen Cousin nach Moria gekommen ist und nun ohne diesen in der Schutzzone für unbegleitete Kinder unter 14 Jahren untergekommen ist.

Die Dunkelheit und Perspektivlosigkeit sind mit Händen zu greifen. Was anderswo Ausnahmezustand wäre, ist hier so normal, dass Krisen ineinander verschwimmen. Was war vorletzte Woche noch einmal zuerst: Das Feuer, bei dem ein Kind umkam und 200 Menschen obdachlos wurden, oder der Streit der verfeindeten afghanischen Banden? Mit wie vielen Panikattacken haben meine jungen Ehrenamtlichen es in dieser Woche unter den unbegleiteten Minderjährigen zu tun gehabt und mit wie vielen Selbstmordversuchen unter den Frauen? Ist es wirklich erst wenige Wochen her, dass Hilfsorganisationen unter Beschuss gerieten und auch einige meiner Helferinnen von Einheimischen angegriffen wurden? Es kommt mir ganz surreal weit weg vor.

Und zu all dem kommt nun also auch noch Corona hinzu! Die Aussicht, dass das Virus im Camp ankommen könnte, wo es sich angesichts der Enge und der hygienischen Zustände ungehindert ausbreiten würde, während die medizinische Versorgung auf der Insel und erst recht im Camp jetzt schon völlig unzureichend ist, hat bei manchen Helfern und Camp-Bewohnern große Angst ausgelöst. Es ist ein Wettlauf gegen die Zeit, die Hochrisikogruppen zu evakuieren und wenigstens notdürftige Quarantäne- und Isolierstationen aufzubauen, während gleichzeitig immer mehr Helfer die Insel verlassen. Als eine der wenigen Hilfsorganisationen, die noch in Moria aktiv sind und für einen Rest Stabilität sorgen, gelten wir wohl als systemrelevant und dürfen zur Arbeit gehen. Ansonsten herrscht eine strenge Ausgangssperre: Unsere Freizeit verbringen wir in unseren Wohnungen. Fast alle Treffen und Aktivitäten, die uns früher einen Ausgleich zur emotional aufreibenden Arbeit geschaffen haben, sind nun unmöglich. Es ist anstrengend! Zu unserem »normalen« Ausnahmezustand hat sich der globale Corona-Ausnahmezustand hinzugesellt.

»Wie hältst du das nur aus?«, fragen mich Freunde manchmal, oder auch: »Was gibt dir Hoffnung?« Es stimmt: Ohne Hoffnung kann man hier nicht lange überleben – auch als Helfer nicht. Es läge so nahe, die Koffer zu packen oder zumindest innerlich aufzugeben, bitter oder zynisch zu werden oder nur noch Dienst nach Vorschrift zu machen, ohne Liebe zu den Menschen.

Ein paar Dinge buchstabiere ich in den letzten anderthalb Jahren immer wieder neu, die mir helfen, die Zuversicht aufrechtzuerhalten.

Ich bin immer wieder begeistert, wie tragfähig das christliche Welt- und Menschenbild ist, das mir meine Eltern und die Gemeinde meiner Kindheit vermittelt haben. Darin ist Platz für das Unordentliche, das Dunkle, die Ungerechtigkeit, all das Hässliche und die Gewalt, die uns in Moria zu schaffen machen – all das, was die Bewohner unseres Camps bei ihrer Flucht hinter sich lassen wollten und das sie in ihren Herzen dann doch selbst mitgebracht haben. Die Bibel behauptet nicht, dass wir Menschen im Grunde alle eigentlich ganz gut sind und dass wir alle friedlich miteinander leben würden, wenn es nur keinen religiösen Extremismus, keine patriarchalischen Strukturen, westlichen Imperialismus oder – hier kann man jetzt das Feindbild seiner Wahl einsetzen – gäbe.

Wir Menschen sind mit uns selbst, miteinander und mit der Welt nicht im Reinen, weil wir mit unserem Schöpfer nicht im Reinen sind. Wir sind Opfer und machen andere zu Opfern. Selbst als Helfende können wir uns manchen Dynamiken von Ungleichbehandlung und Machtmissbrauch kaum entziehen. Politische Lösungen sind wichtig und ich bin sehr dankbar für meine Aktivistenfreunde, die sich für diese großen Lösungen leidenschaftlich einsetzen. Aber meine Hoffnung ist nicht, dass wir die Welt damit stückweise immer besser machen, bis sie irgendwann ganz im Lot ist.

Die Bibel ist ganz realistisch: Ungerechtigkeit, Naturkatastrophen, Krieg, Armut und – obwohl uns die Corona-Krise so unvorbereitet traf! – Seuchen wird es immer geben. Wir sind nicht die ersten, die irgendwie damit umgehen müssen. Wie gut, dass es vor uns schon Generationen von Menschen gab, die in schwierigen Situationen die Hoffnung aufrechterhalten haben!

Im Römerbrief gibt es einige Verse, die mich sehr berühren:

> *Ich bin aber davon überzeugt, dass unsere jetzigen Leiden bedeutungslos sind im Vergleich zu der Herrlichkeit, die er uns später schenken wird. (…) Aber die ganze Schöpfung hofft auf den Tag, an dem sie von Tod und Vergänglichkeit befreit wird zur herrlichen Freiheit der Kinder Gottes. Denn wir wissen, dass die ganze Schöpfung bis zu diesem Augenblick mit uns seufzt, wie unter den Schmerzen einer Geburt. Und selbst wir, obwohl wir im Heiligen Geist einen Vorgeschmack der kommenden Herrlichkeit erhalten haben, seufzen und erwarten sehnsüchtig den Tag, an dem Gott uns in unsere vollen Rechte als seine Kinder einsetzen und uns den neuen Körper geben wird, den er uns versprochen hat. Nachdem wir nun gerettet sind, hoffen und warten*

wir darauf. Denn wenn man etwas schon sieht, muss man nicht mehr darauf hoffen. Und was ist die Hoffnung auf etwas, das man schon sieht? (…) Der Heilige Geist hilft uns in unserer Schwäche. Denn wir wissen ja nicht einmal, worum oder wie wir beten sollen. Doch der Heilige Geist betet für uns mit einem Seufzen, das sich nicht in Worte fassen lässt. (Römer 8,18ff.)

Das klingt für moderne Ohren ein bisschen verschwurbelt und es lohnt sich unbedingt, etwas länger auf diesen Versen herumzukauen. Aber einige Gedanken stecken darin, die ich sehr hoffnungsvoll finde.

Diese Welt mit ihrem Schmerz hat nicht das letzte Wort. Es geht hier nicht um eine billige Jenseitsvertröstung, sondern um eine Perspektive, die unserem Leben im Hier und Jetzt einen Anker verleiht. Am Ende wird tatsächlich alles gut werden und wir werden dabei sein! Menschen, die das wissen, müssen nicht aus FOMO (*Fear of missing out*, also der Angst, etwas zu verpassen) alles Schöne in dieses eine Leben packen, Leiden um jeden Preis vermeiden und die Erfüllung eigener Wünsche zum Lebensinhalt machen.

Das ist ungemein befreiend – so befreiend übrigens, dass hier und da vielleicht sogar noch ein Restchen Energie für die Nächstenliebe übrig bleibt, zu der wir aufgefordert und befähigt sind. Und dabei müssen wir gar nicht riesig denken. Mir ist bewusst: Ich werde Moria nicht retten und die Welt erst recht nicht! Aber ich kann das tun, was vor meinen Füßen liegt. Ich kann aus meiner Komfortzone heraus- und in die Exkrementenpfütze hineintreten und heute mit einer kleinen handfesten Tat das Leben von einem einzelnen Menschen ein kleines bisschen erträglicher machen.

Auch Seufzen ist laut Paulus, dem Autor des Römerbriefs, in Ordnung. Dass wir uns zusammenreißen, alles nicht so tragisch nehmen und Schmerz wegdrücken, ist nicht der Weg, den er hier vorschlägt. Es ist ein sehr starkes, drastisches Bild von einer ganzen Welt, die in den Wehen liegt, sich windet, seufzt und schreit – und wir mit ihr. Wir wollen, dass endlich, endlich alles gut wird. Und das ist auch gut so! Gott hat diese Sehnsucht in uns hineingelegt – wir sind »auf Hoffnung hin« gerettet.

Ebenso wenig müssen wir auf alles eine Antwort haben. »Wir wissen nicht, was wir beten sollen«, heißt es. Danke, Paulus! Wenn du schon nicht wusstest, welche Lösungen du im Gebet Gott vorschlagen solltest, muss ich das auch nicht! In einer höchst komplexen Situation, wie sie sich in Moria darstellt, weiß ich meistens nicht, was eine gute Lösung wäre oder wo ich mit dem Beten überhaupt anfangen soll. Dann ist dieses wortlose Seufzen in Ordnung, oder der Schrei um Gottes Eingreifen, den Generationen von Gläubigen schon vor mir ausgesprochen haben: Kyrie Eleison! Herr, erbarme dich! Ich habe in den letzten Monaten die Psalmen neu entdeckt, die so viele Gedanken und Emotionen in Worte fassen, die in mir ungeordnet durcheinanderpurzeln. Und die dann doch auch immer wieder zu dem Ergebnis kommen: Gott ist Gott und ich kann ihm vertrauen, auch wenn ich keine Antwort habe.

Schließlich ganz wichtig: Hoffnung bedeutet, das zu sehen, was man (noch) nicht sieht. Wenn alles schon klar wäre, bräuchte man ja keine Hoffnung mehr – so würde ich es ausdrücken. Das finde ich in Moria tatsächlich die spannendste Übung. Wenn ich mit Gottes Augen zu sehen beginne, stellt sich ein ganz anderes Bild dar als überquellende Abwasserrohre und messerschwingende Halbstarke.

Ich habe diesen furchtbaren Ort in den letzten eineinhalb Jahren immer mehr lieben gelernt, je mehr ich seine Menschen lieben gelernt habe: Ich habe ihr unglaubliches Durchhalten in außerordentlich widrigen Umständen bewundern gelernt. Ich schätze ihre Findigkeit, aus Nichts etwas zu machen: Aus Europaletten und Planen bauen sie Brücken, stabile Unterkünfte für ihre Familien und, ja, Kioske, Friseursalons und

Restaurants! Und mich berühren das Lächeln und die Schönheit so vieler Männer, Frauen und Kinder aus aller Welt, die kein Trauma ganz zerstören konnte.

Gott hat jeden dieser Menschen zu seinem Ebenbild geschaffen. Zusammen bilden sie so viel von seiner Kreativität und Vielfalt ab, dass ich staune! Er hat sie unendlich mehr lieb, als ich das je könnte. Und er hat meinen Kollegen und mir die ehrenvolle Aufgabe gegeben, im Camp die Hände und Füße von Jesus zu sein. Gott begegnet den Bewohnern durch uns, so dass sie ihn kennenlernen können. Das alles kann ich nur sehen, wenn ich mir von Gott Augen der Hoffnung geben lasse. Auch wenn ich mir das im Moment nicht vorstellen kann: Selbst Moria und alles Schwierige, was wir hier erleben, webt er in seinen großen Plan mit der Welt ein.

»Ich sehe was, was du nicht siehst …!«, scheint Gott manchmal zu sagen. Und dann schenkt er mir seine Sicht der Dinge und ich habe Hoffnung für den nächsten Tag.

Auch und gerade in Moria.

Andrea Wegener, von »Campus für Christus« nach Lesbos ausgesandt, ist die operative Leiterin der griechischen Hilfsorganisation »EuroRelief« im Camp Moria. Sie spricht Englisch mit ihrem Team, Deutsch mit Jesus und hofft, dass ihre Katze ihr schlechtes Griechisch versteht.

LOCKDOWN: LEKTION GELERNT

PATRICK KNITTELFELDER

Ein tolles Leben. Fast wie ein Vorzeigeleben. Nach außen kann es sich auf jeden Fall sehen lassen, siehe mein Profil bei Instagram: Hocherfolgreicher Volksschulschwänzer, schwerer Legastheniker, Firmengründer, Leiter der HOME Mission Base, Hotels, Immobilien & Restaurants, Autor. Vielleicht sollte man noch glücklicher Ehemann, beschenkter Vater und Vortragsredner dazu schreiben. Wobei man den Redner besser weglässt, denn damit ging das Drama los.

Seit Wochen denke ich an eine Geschichte aus der Bibel. Da heißt es, die Leute aßen und tranken, gingen ihren Geschäften nach. Sie heirateten, zeugten Kinder. Auf heute übertragen: Sie pflegten ihre Insta- und Facebook-Profile, vertrauten auf eine wachsende Wirtschaft, freuten sich auf Champagner und die nächsten Festspiele. Nur einer baute – mitten in den Bergen – eine Arche. Und dann kam der Regen. Oder fast noch blöder: Es kam ein winzig kleines, nanometerkleines bescheuertes Virus. Und vieles was ich hatte, was meine Identität, meine Unternehmerpersönlichkeit ausmachte, ist nicht mehr, hängt am seidenen Faden oder ist von Staatshilfe abhängig.

Einer hat eine Arche gebaut. Doch das war nicht ich. Einer war vorbereitet und mich hat es von hinten erwischt. Noch vor knapp zwei Monaten zwei Hände voll florierende Firmen mit 150 Mitarbeitern. Jetzt 130 von ihnen in Kurzarbeit und 20 entlassen. Und seit sechs Wochen nur Ausgaben und so gut wie keinen Cent Umsatz.

Und trotzdem lebe ich. Bin immer öfter wieder gut drauf und fest davon überzeugt, dass es ein höheres Wesen gibt, das es nicht nur gut, sondern sogar sehr gut mit mir und uns allen meint. Dass es einen Gott gibt, der einen Plan hat. Und in dem Plan darf auch so etwas Blödes wie Corona vorkommen. Und nein, es ist keine Strafe Gottes. Genauso wenig wie damals AIDS, genauso wenig wie der große Tsunami eine Strafe war. Auch kein Erdbeben und kein Hochwasser. Auch nicht Tschernobyl. Und doch bin ich mir sicher: Gott will mir, Patrick, und uns allen ganz klar etwas sagen. Aber was?

Vor acht Wochen war die Welt noch schön und gut. Das heißt in meinem Fall: Ich habe ein Leben am Limit geführt. Auf mich selbst und meine Familie bezogen. Viel zu lange schon. Auf der einen Seite die Firmen mit all den täglichen Herausforderungen, die zehn Hotel und Restaurants mit sich bringen. Dazu noch einige Immobilien. Nicht die kleinsten an Größe und Sorgen. Auf der anderen Seite die Leitung eines der spannendsten kirchlichen Aufbruchprojekte. Jüngerschaftsschule (ein Ort, an dem man christliches Leben in Freiheit und Schönheit von Grund auf lernt), Medienhaus, Gebetshaus, eine Suppenküche für Menschen am Rande der Gesellschaft, ein wunderschöner Buchladen mit Café mitten in der Altstadt von Salzburg, Studios und einiges mehr. Eine wunderbare Familie und sogar noch ein paar Freunde. Und immer das Gefühl, überall ein bisschen zu wenig zu geben.

Dann noch diese große Konferenz in Deutschland. Über 7000 Menschen in einer Halle. Die mit Abstand allergrößte Halle, in der ich jemals sprechen würde. Ich reiste mit 20 meiner Mitarbeiter an. Im Hinterkopf den fixen Plan, mir gleich danach ein, zwei Wellnesstage in einem tollen Spa zu nehmen. Ganz alleine. Sehr ersehnt. Quasi eine Belohnung für den Kongress. Für die letzte stressige Zeit. Für das Viel-zu-viel der letzten Tage. Ach was, gleich für die letzten Jahre …

Dann ist es so weit: Ich stehe in der riesigen Halle, meinen Vortrag scharf und spitz vorbereitet. Soundcheck hinter mir. Dopamin, Testosteron und was weiß ich noch alles mit höchster Ausschüttung. Doch dann wie aus dem Nichts: Alle Sprecher sofort in einen Raum wegen Corona-Gefahr. Notfallplan. Halle geleert, Kongress beendet, alles zu. Rückreise isoliert, von Polizei und Gesundheitsamt zu Hause erwartet. Der Absonderungsbescheid nach dem Seuchengesetz noch in der Nacht zugestellt, 14 Tage Quarantäne. Alles ist sehr aufregend, die Polizei vor der Haustür. Ja, so war das damals. Vor ein paar Wochen. Da konnte man sich das noch leisten. Der erste Verdachtsfall in Salzburg.

Meine Frau Dagmar richtet das Gästezimmer her. Wir begrüßen uns nur aus der Ferne. Mein Sohn Moritz, vier Jahre alt, versteht die Welt nicht mehr. Der Papi ist da und doch nicht da. Ja, genau. Da und doch nicht da. Was bin ich eigentlich? Da oder eigentlich weit weg von mir? Die ersten Tage und Nächte sind nicht gut. Gar nicht gut. Sehr viel besser sollte es auch nicht werden. Da sitze ich auf 14 Quadratmetern für 14 Tage. Vier Schritte in die eine Richtung, fünf in die andere. Die Polizei winkt mehrmals täglich vor dem Fenster. Ich sitze brav in meinem Zimmer. Meine Familie kümmert sich um mich, so gut es geht. Adrenalin und Dopamin sind immer noch da. Auf der Bühne konnten sie nicht heraus. In meinem Zimmerchen auch nicht. Und langsam keimt der Verdacht: Da kommt ein dickes Ende.

Fastenzeit ist auch. So viele schreiben mir, Freunde, Partner, Unbekannte. Jeder Zweite freut sich für mich: So schön, jetzt hast du so viel Zeit für fromme Gebete und Ruhe und, und, und … Am liebsten würde ich den Nächsten, der mir so einen Tipp gibt, eigenhändig erschlagen! Ich kann mich nicht erinnern, jemals eine so leere, zähe Zeit in meinem Leben gehabt zu haben.

Meine Büroarbeit geht weiter, so wie das Leben draußen weitergeht. Damals zumindest noch. Damit ist sie endlich da, die Ablenkung, die vieles leichter macht. Videocalls, E-Mails, Briefings, fast jeden Tag Interviews. Ja, noch vor ein paar Wochen war ein Verdachtsfall eine spannende Geschichte für die Medien. Bald ist das Adrenalin verdunstet, die Interviews sind alltäglich, die Polizei ist zu nett und die Arbeit Routine.

Moment mal – war da nicht meine große Sehnsucht nach Erholung? Nach Wellness und Spa, nach Rastmachen, Buch und Zeitung lesen, Ausschlafen ... Das habe ich doch nun alles! Eigentlich. Da spreche ich so gerne davon, dass man nicht das Opfer seiner Umstände ist. Dass man sich überall zurechtfinden kann. Wie wichtig ein strukturierter Tag ist. Wie man seine Zeit nutzen kann. Da wird mir klar, wie weit ich eigentlich von dem entfernt bin, was ich predige. Stattdessen gerate ich ins Wanken und in tiefe Traurigkeit.

Jeden Abend sitze ich in meinem Zimmer. Meine Frau sitzt auf dem Gang. Wir sprechen. Ganz anders als sonst. Es sind Gespräche auf Distanz und doch so nah. Vielleicht so nah wie schon lange nicht mehr. Das sind meine Anker. Jeden Tag. Die Zeiten, wo die Traurigkeit weicht. 14 Tage sind lang, länger, als ich gedacht hätte. Die Gespräche tun gut. Meine Beziehung mit Gott wird besser. Langsam ist das Ende in Sicht, die letzten Tage ziehen sich. Das Zimmer wird irgendwie kleiner. Ich auch. Meine Erwartungen an die Zukunft werden kleiner. Vielleicht gesünder. Ich freue mich über Bäume, die zu grünen beginnen. Das war nie mein Thema, jetzt aber doch. Und all die Leute die mir schreiben: Warum tun sie das? Mögen sie mich? Ich meine, mögen sie mich wirklich? So schlecht sind die Tipps auch wieder nicht. Vielleicht brauche ich einfach nur Zeit für mich. Habe ich genau das verlernt in den letzten Jahren? Familie, Firmen, Dienste, alles war wichtiger als ich selber. Ich habe die Lektion gelernt. In letzter Sekunde. Gerade noch.

Der erste Tag in Freiheit. Die auflagenstärkste Zeitung hat

ein Team geschickt, um mich auf den ersten Metern zu begleiten. Redakteur, Fotograf und Kameramann sind da. Sorry, bitte noch 15 Minuten warten! Wir haben gerade unser »Morning Prayer«, Gott, meine Mitbewohner und ich.

Fünf Tage in Freiheit, dann plötzlich der Lockdown in Österreich. In Salzburg noch einmal schärfer. Und der Lockdown sieht wirklich nach Lockdown aus: Alles ist zu, alles geschlossen. Fast alles steht still. Hektische Krisengespräche überall. Was sollen wir tun? Was wird geschehen? Unsere offizielle Kirche beauftragt uns, »Kirche in die Wohnzimmer« zu bringen. Hektisch bauen wir aus den Studios aus, was wir glauben zu brauchen, richten neue Studios ein. Vier Stunden später riegeln wir uns ab. Selbstgewählte Quarantäne, um Fernsehen in Krisenzeiten machen zu können. Zwei Tage später ist unsere Quarantäne nicht mehr freiwillig. Massive Ausgangsbeschränkungen im ganzen Land. Jeden Tag müssen wir der Polizei erklären, dass wir keine Versammlung sind, sondern mit 47 Menschen abgeriegelt unter einem Dach leben, um Kirche in die Wohnzimmer zu bringen.

Die Menschen essen und trinken, sie heiraten, zeugen Kinder, machen Geschäfte und ein paar bauen eine Arche. Diesmal bin ich mit dabei. Nein, immer noch keine Strafe Gottes, aber sicher steckt etwas Größeres dahinter. Es geht auch nicht darum, uns zu retten. Es geht vielmehr darum, möglichst vielen Menschen helfen zu können. Auch uns selbst.

Gefühle, Stimmungen, Kämpfe und Ringen. Fragen, warum das Ganze geschieht und wann es endlich vorbei ist. Es ist wieder dasselbe Programm wie in meiner Quarantäne. Aber diesmal es geht deutlich besser. Statt 14 sind es nun 3000 Quadratmeter. Statt allein sind wir 47 und ich habe meine Lektionen gelernt. Jeden Tag reifen wir, jeden Tag streamen wir, jeden Sonntag machen wir Fernsehen und Radio, manchmal streiten wir, meist versöhnen wir uns wieder und kämpfen gemeinsam weiter.

Vieles wird sich ändern. Lineares Denken vor, in und nach der Krise wird nicht ausreichen. Ich werde das Gefühl nicht los, dass wir unmittelbar vor einer großen Veränderung stehen. Meine berufliche Grundlage ist binnen weniger Tage weggebrochen. Salzburg lebt hauptsächlich von Gästen aus dem asiatischen Raum, den USA, Deutschland und Italien. Unser Geschäftsmodell braucht eine Richtungsänderung. Meine finanzielle Zukunft braucht eine Richtungsänderung. Die halbe Welt braucht eine Richtungsänderung!

Das ist für mich gleichzeitig Sorge und Hoffnung. Wer und vor allem wie sollen wir diese Neuausrichtung und Umgewichtung, diesen Paradigmenwechsel vollziehen? Von wo kommen neue Ideen, neue Projekte, neue Wertschöpfung? Die Antwort lautet: Von dir und von mir! In uns Menschen steckt so viel, mehr, als wir glauben. Wir sind voll von Kreativität, angetrieben vom Willen, Dinge besser zu machen, von Gestaltungs- und Umsetzungskraft. Wir können mehr, als unsere Eltern uns zutrauen. Wir können mehr, als unsere Nachbarn uns zutrauen. Aber wir müssen es anpacken. Wir brauchen ein Klima, eine Umgebung, in der wir beginnen, etwas zu riskieren, unsere Zukunft in die Hand nehmen und die Komfortzone verlassen. Wir können das. Ich kann das.

Veränderung ist etwas Urchristliches. Es ist der Wechsel vom »alten« zum »neuen« Menschen. Hin zu einem besseren Menschen. Zu einem Leben in Freiheit und Zufriedenheit, zu einem Leben das unserer tiefen DNA entspricht. Woher wissen wir die Richtung? Ganz einfach, richten wir uns wieder auf den aus, der uns geschaffen hat. Auf diesen unglaublichen, unendlichen, alles umfassenden, nie endenden Gott. Auf deinen und meinen Vater im Himmel. Der dich unendlich liebt. Der selber Mensch geworden ist, um deine ganz persönliche

Veränderung zu ermöglichen. Wir schaffen das. Ganz, ganz sicher.

Patrick Knittelfelder leitet ein Unternehmen mit rund 150 Mitarbeitern in Salzburg und Graz in den Bereichen Hotellerie, Gastronomie und Immobilien und ist Geschäftsführer der »HOME Mission Base Salzburg«, wo er mit seiner Familie und 40 jungen Erwachsenen lebt. Er hofft, dass eines Tages doch in vino veritas steckt.

PLÖTZLICH ALLES ANDERS

INKA HAMMOND

Von jetzt auf gleich war alles anders. Ich war Anfang 20, gerade mal ein knappes Jahr verheiratet und das Beste lag vor mir. Ich hätte lachend und unbeschwert durchs Leben gehen sollen – stattdessen fand ich mich auf der geschlossenen Station einer Nervenklinik wieder und das Glas des Bilderrahmens, den ich mitgebracht hatte und der ein verliebtes Bild von mir und meinem Mann enthielt, wurde entfernt – damit ich mich nicht selbst damit verletzen konnte. Mein Gürtel wurde mir ebenfalls abgenommen und das war und ist ein symbolisches Bild für mich: Ich hatte allen Halt verloren. Ich war mit 22 Jahren am Ende, ein Wrack, leer und kaputt.

Die Krise kam plötzlich, obwohl es viele Vorzeichen gab: eine Essstörung, depressive Verstimmungen. Aber wer denkt schon daran, dass die geschlossene Station einer psychiatrischen Klinik eine Lebensstation sein könnte? Ich sehe mich noch mit dem kleinen Papierbecher voller bunter Pillen und Tabletten in der Hand an einem Tisch sitzen, umgeben von anderen zerbrochenen, traurigen, hoffnungslosen Existenzen und mich fragend: Ist das alles? Ist das mein Leben? Bin ich dazu verdammt, nun auf immer den Stempel »psychisch krank« zu tragen? Werde ich nie eine glückliche Ehe führen? Werde ich immer diese Medikamente nehmen müssen, unfähig, mit meinen Emotionen, dem Auf und Ab des Lebens umgehen zu können?

Etwa 15 Jahre später. Ich lag im Bett, es war mitten in der Nacht und ich hatte gerade mein viertes Kind beruhigt. Erschöpft schloss ich meine Augen und versuchte, wieder zu schlafen. Da überrollte es mich: eine bedrohliche Schwärze, ein Schlingern, ein Drehen. Mein Herz fing wie wild an zu rasen und ich klammerte mich an meine Bettdecke wie ein Ertrinkender an einen Rettungsring. Ich atmete hastig und eine nie gekannte Angst umklammerte meine Seele wie eine eiserne Faust. Später bekam ich einen Namen für dieses Monster, das mich aus dem Nichts überfallen hatte: Panikattacke.

Von jetzt auf gleich war alles anders.

Wäre es mir erlaubt gewesen, meinen Lebenslauf mit Wasserfarbe auf ein Papier zu zeichnen – ich hätte um die eben beschriebenen Erfahrungen einen großen Bogen gemalt. Diese Krisen, diese dunklen Momente meines Lebens hatten das Potenzial, mich zu zerbrechen, mich zu zermalmen mit der großen Kraft, die ihnen innewohnte. Und fast wäre es passiert. Fast hätte ich mich selbst nicht mehr erkannt, damals auf der geschlossenen Station. Fast hätte ich den Umständen geglaubt, in denen ich mich urplötzlich als vierfache Mama wiederfand, und hätte mich als unfähig und zu schwach betitelt. Fast hätte ich aufgegeben, losgelassen, kapituliert. Fast.

Als ich damals völlig verheult und verloren auf dem Krankenhausbett lag, das in einem großen Saal mit vielen anderen Betten stand, flatterte Hoffnung in mein Herz wie ein kleiner Schmetterling. Ich nahm meinen CD-Player in die Hand und hörte mir eine CD mit Liedern an, die Zuversicht vermittelten. Das Licht fiel durch die schlecht geputzten Fenster des Krankenhauses, ich sah den Brunnen vor meinem Zimmer plätschern, beobachtete, wie das Wasser in einem endlosen, beruhigenden Kreis oben aus den Steinen blubberte und in den Abgrund rann, um dann wieder in die Höhe geleitet zu werden. Ich konnte es damals in meiner Verwirrung und meiner Angst nicht in Worte fassen, aber etwas tief in mir drin sagte: Du wirst wieder nach oben kommen. Der Abgrund ist nicht das Ende.

So kämpfte ich mich zurück ins Leben. Erst kämpfte ich darum, von der geschlossenen Station auf eine offene verlegt zu werden. Dann darum, dass ich einen Platz in meiner Wunschklinik bekam. Dann kämpfte ich darum, kleine Spaziergänge angstfrei machen zu können, und dann kämpfte ich darum, von dieser Tablette loszukommen, die mir einen seligen Schlaf vorgaukelte. Ich hängte mir ein Poster von Astrid Lindgren an die Krankenzimmerwand. *Freiheit bedeutet, dass man nicht unbedingt alles so machen muss wie andere Menschen,* stand da und für mich klang ein bisschen Ironie in diesen Worten mit – denn ich lebte mein Leben garantiert nicht so wie die anderen Menschen. Die »anderen Menschen« schienen gefestigt und nicht so sehr mit sich zu hadern wie ich, sie hatten einen Job. Die »anderen Menschen« notierten jeden Morgen in einer Tabelle, was ich wog, analysierten meine Therapiegespräche und ordneten mich in eine Kategorie ein – genesend, gleichbleibend oder kränker werdend. Ich fühlte mich minderwertig, schwächer, kränker, nicht bereit für ein Leben da draußen jenseits der Klinikmauern, dazu bestimmt, von »Gesünderen« begutachtet und beobachtet zu werden.

Und trotzdem oder vielleicht deshalb kämpfte ich mich trotzig zurück ins Leben. Denn ich hatte diese Sehnsucht nach echter, fühlbarer Freiheit. Freiheit von Krisen oder wenigstens Freiheit trotz Krisen. Ich begann eine Ausbildung, wurde schwanger, übernahm Verantwortung für mich und dann für dieses kleine Wesen, meine erste Tochter. Ich verlor und fand mich gleichzeitig in diesem neuen Leben, das mich herausforderte und mich zu einer Mutter machte, einem Menschen, auf den Verlass sein muss. Ich nahm keine Medikamente mehr und fühlte mich, ja, tatsächlich frei! Ich kochte, backte, wusch Wäsche, räumte auf, sang Schlaflieder, dekorierte die Fensterbank und fühlte mich im Leben angekommen, erahnte die Krise als bewältigt. Das innere Bild von mir auf dem Krankenhausbett, vom weggenommenen Gürtel und dem Bilderrahmenglas schob ich in eine dunkle Ecke meines Herzens.

Dann kam jene Nacht, jene Panikattacke. Und wieder fand ich mich in einer Krise wieder, wieder einmal war von jetzt auf gleich alles anders. Ich fühlte mich aus meinem wohlgeordneten Konzept gebracht, das Bild von mir als starker, unverwundbarer Mutter bröckelte und ich war konfrontiert mit meiner Schwäche und meinen Abgründen. Es war keine einfache Zeit, als ich versuchte, mein Mama-Sein mit einer Traumatherapie und einem komplizierten, von Rückschlägen gezeichneten Heilungsprozess zu kombinieren. Aber wieder kämpfte ich mich zurück ins Leben und erkannte dieses Mal viel klarer als damals nach der ersten Krise: Meine Schwäche, meine Verletzungen, die Täler, durch die ich mich – aus welchen Gründen auch immer – kämpfe, sind nicht unbedingt Stolpersteine, Hindernisse oder Fehlschläge. Sondern sie können, wenn ich einen Perspektivenwechsel vollziehe, Meilensteine, Sprungbretter und Chancen werden.

Die zwei großen Krisen meines Lebens und die vielen kleinen zwischendrin haben mich eines gelehrt: In meiner Schwachheit liegt keine Schwäche, sondern Stärke verborgen. Und jede Krise, die meines Weges kommt, fordert mich dazu heraus, diese verborgene Stärke herauszuschälen, zu entdecken und damit zu arbeiten.

Aufgrund meiner eigenen Lebensgeschichte, meiner ganz persönlichen Erfahrungen mit Abgründen, Sackgassen und Endstationen bin ich sehr sensibel für andere Geschichten geworden, die Ähnliches erzählen: Dass die Krise keineswegs eine Katastrophe sein muss, sondern vielmehr eine Möglichkeit, eine innere Stärke zu entdecken, die man andernfalls – wäre alles immer glatt gelaufen – niemals entdeckt hätte. J.R.R. Tolkien verwandelte schreckliche Erinnerungen aus dem ersten Weltkrieg in sagenhafte Erzählungen. Prinzessin Diana ließ sich von ihren Enttäuschungen antreiben und wurde zu einem Hoffnungslicht für viele. Graham Cooke, vom eigenen Vater ignoriert und misshandelt, ist heute für viele eine Vaterfigur. Die Geschichte bietet unzählige inspirierende Beispiele von Menschen, die sich von ihrem Schmerz nicht aufhalten ließen, sondern die Krisen ihres Lebens als Chancen ergriffen und so für viele andere zum Vorbild und zum Anker wurden.

Ich habe einmal von einem Forschungsexperiment gehört, wo die idealen Bäume gezüchtet werden sollten. In einem riesigen Gewächshaus wurden die perfekten Bedingungen geschaffen, die ideale Temperatur, bester Lichteinfall, mit Nährstoffen angereicherte Erde, der reinste, gesündeste Samen. Die Bäume wuchsen und wuchsen, doch eines Tages hörten sie damit einfach auf. Die Stämme wurden nicht dick und wuchtig, sondern blieben schmal und zerbrechlich und die Forscher rätselten, warum. Bis einer von ihnen darauf kam: Es fehlte der Wind. Es fehlte der Sturm. Der Widerstand, der die Wurzeln tief ins Erdreich wachsen ließ und damit ein breites Fundament für Wachstum in die Höhe und die Breite lieferte.

Wenn wir ein Leben ohne Stürme wollen, dann bleiben wir schwach. Wenn wir jede Krise umschiffen, bleiben wir orientierungslos. Denn nur die Spannung einer Krise eröffnet den Raum, wo wir entdecken können, wer wir eigentlich sind und wozu wir leben. In der Krise formt sich unser Lebensfokus, in der Krise entdecken wir ungeahnte Kraft, in der Krise kommen wir uns selbst so nahe wie sonst nie. Und nicht nur uns, sondern auch Gott.

Als ich mit Mitte 30 mit der Traumatherapie begann und mich mit all meinen Emotionen und meinem Schmerz so fühlte wie bei 90 Grad im Schleudergang in einer Waschmaschine, da entdeckte ich etwas, was mein Leben grundlegend verändern sollte. Aber mein Leben musste erst auseinandergenommen werden, bevor ich erkennen sollte, was genau das war. Wenn du dir mein Leben wie ein Legohaus vorstellst, dann wurde während der Therapie Legostein für Legostein abgebaut, bis alle Steine wild durcheinander um das Fundament herumlagen. Nichts war mehr so, wie es war, und ich ahnte, dass nichts mehr jemals so sein würde. Wer einmal sein Leben auseinandergepflückt bekommt, wird es kaum mehr haargenau wie vorher wieder zusammenflicken können oder wollen. Und als alle meine Lebensbausteine da so durcheinanderlagen, ich mich alleine und verloren und gescheitert fühlte – da war jemand da, der wie ein Eckstein, ein Grundstein nicht abgebaut werden konnte. Das war Jesus.

Als ich das erkannte, war von jetzt auf gleich alles anders. Plötzlich war es nicht mehr so wichtig, dass ich mich kraftlos fühlte, weil Jesus mir von innen ein Gefühl von Stärke gab. Plötzlich war es nicht mehr von Bedeutung, dass ich nicht so recht wusste, wohin mit meinem Leben, weil Jesus mir das Gefühl von Ziel und Fokus verlieh. Und als ich dann mit zitternden Fingern begann, mein Leben wieder aufzubauen (so ganz anders, als es vorher aussah), da wurde dieser Eckstein, dieser Grundstein ein so festes Fundament, dass ich mir sicher sein konnte: Dieses Lebenshaus wird nun halten. Da mögen noch andere Krisen kommen, noch andere Stürme – aber dieses Mal ist mein Fundament ein anderes. Das gab und gibt mir tiefen Frieden.

Das gibt mir auch tiefen Frieden in dieser außergewöhnlichen Zeit. Das Wort »Corona« ist für viele Menschen ein Auslöser für Panik, Angst, Orientierungslosigkeit geworden. Vielleicht auch für dich. Vielleicht fühlst du dich ähnlich wie ich damals auf dem Krankenhausbett oder in der Nacht meiner ersten Panikattacke. Die Corona-Krise hat uns wie ein Dieb aus dem Hinterhalt überfallen, darauf war keiner vorbereitet, das hat uns alle überrascht und überrumpelt. Diese Umstände schaffen einen perfekten Nährboden für Unsicherheit und Sorge. Ich glaube, niemand, der sich ernsthaft mit dem Virus und den Folgen für sich persönlich und die weltweite Wirtschaft beschäftigt, spaziert hier durch, als wäre es ein Sonntagsspaziergang. Es ist okay und völlig normal, Angst zu haben und Orientierungslosigkeit zu verspüren. Doch genau im Zulassen dieser Gefühle liegt die große Chance verborgen, sich selbst näherzukommen, seine eigene Schwäche und vielleicht sogar Ziellosigkeit anzunehmen und dann den zu erkennen, der im größten Chaos und im vorhersehbaren Alltag unsere Stärke und unser Ziel sein möchte. Jesus.

Mir hat dieser Perspektivenwechsel das Leben gerettet. Im wahrsten Sinne des Wortes und im übertragenen Sinn. Mein Leben wäre kaputtgegangen, hätte ich nicht erkannt, dass in meinem vermeintlichen Versagen etwas verborgen liegt, was mich höher fliegen lässt, als ich es mir je hätte erträumen können. Ähnlich wie ein Adler habe ich den Gegenwind als Aufwind genutzt. Und je stärker der Gegenwind mir um die Nase blies, desto höher bin ich geflogen.

Aber es geht um mehr, als nur erfolgreich trotz Schwierigkeiten durch das Leben zu kommen. Im Zentrum der Krisen wurde ich von meinem besten Freund gefunden, Jesus, der meinen Krisen in einer Art und Weise einen Sinn und eine Bestimmung gegeben hat, dass mir die Worte fehlen, es zu beschreiben. In meinen Krisen wurde mehr gerettet als nur mein Leben, das Äußere und Greifbare. Es wurde meine Seele gerettet, das Innerste und Verborgenste. Meine Krisen wurden mir also zweifach zum Gewinn: Ich habe gelernt, meinen Schmerz in Treibstoff zu verwandeln, der mich voranbrachte anstatt aufzuhalten. Und ich habe erfahren, dass ich nie verloren bin, egal wie verloren ich mich fühle, weil sich jemand aufgemacht hat, mich zu suchen, und mich gefunden hat. Die zweite Seite dieser Medaille ist ein absolutes Geschenk und in keinster Weise mein Verdienst.

Als meine Kinder ganz klein waren, habe ich ihnen am Bett oft das alte Lied *Weil ich Jesu Schäflein bin* vorgesungen. Da heißt es an einer Stelle:

Sollt ich nicht fröhlich sein, ich beglücktes Schäfelein?
Denn nach diesen schönen Tagen werd ich endlich heimgetragen
in des Hirten Arm und Schoß. Amen, ja, mein Glück ist groß.
(Henriette Marie Luise von Heyn)

Das Bild von einem Schaf in den Armen des Hirten ist ein Bild größter Geborgenheit. Der Gedanke, dass ich einen Hirten habe, der mich durch die großen und kleinen Krisen meines Lebens navigiert, ist mehr als tröstlich. Das ist auferbauend, lebensspendend, hoffnungsmachend. Der berühmte Psalm 23 drückt in so berührend schlichten und gleichzeitig vielschichtigen Worten tiefes, ruhendes Vertrauen aus:

> *Und ob ich schon wanderte im finstern Tal, fürchte ich kein Unglück; denn du bist bei mir, dein Stecken und Stab trösten mich. (Psalm 23, 4; LUT)*

Gerade Krisen öffnen die Tür für Rettung. Für das Erleben von Geborgenheit. Für einen neuen Kraftschub. Das klingt paradox und ist es vielleicht auch. Es ist wohl tatsächlich ein Perspektivenwechsel. Das Hindernis ist nicht länger eine unüberwindbare Mauer, sondern ein Gradmesser für neu gefundene Stärke. Die eigene Schwäche ist nicht länger Klotz am Bein, sondern Ansporn, höher und weiter zu fliegen als je zuvor. Angst ist nicht Bedrohung, sondern die Chance, hinter die Kulissen zu blicken, reinen Tisch zu machen, Symptome nicht länger unter den Teppich zu kehren. Krisen bergen Chancen. Krisen bergen Hoffnung. Krisen bergen Neuanfänge. Man muss wohl ein wenig graben, ein wenig vertrauen und vorangehen.

Doch dann ist von jetzt auf gleich alles anders.

Inka Hammond leitet mit ihrem Mann Jeremy die Organisation »Free Indeed e.V«, ist Mama von vier Kindern und hofft auf ein Häuschen am Meer.

QUELLE DER HOFFNUNG

WERNER KÜBLER

Die ersten Wochen der Corona-Krise waren für uns am Universitätsspital Basel geprägt von intensiven wissenschaftlichen und praktischen Diskussionen, manchen anspruchsvollen Entscheidungen auf meinem Tisch und extrem viel Arbeit. Mit einem riesigen Dank an all meine Mitarbeiter darf ich als Direktor des Spitals sagen: Wir waren sehr gut vorbereitet und konnten die täglich steigende Zahl von Schwerkranken nach neustem Stand des Wissens optimal behandeln.

Mittendrin wurde ich zu einer politischen Diskussions-Sendung des ersten Schweizer Fernsehens eingeladen. Es war der Tag, an dem das Land zusammenstehen musste, um die Krise zu bewältigen. Der Bundesrat (die Schweizer Regierung) hatte am selben Tag neue und strengere Schutzmaßnahmen erlassen, die Privatleben und Wirtschaft massiv einschränkten. Alle mussten große Opfer bringen. Erstmals erahnte man die enormen Auswirkungen für die Wirtschaft. Persönliche Schicksale von Betroffenen sollten in der Sendung zur Sprache kommen, ebenso die Frage, wie erste Hilfspakete aussehen konnten. Mir wurde auf einmal bewusst, dass wir als Land in eine Art Schockzustand kamen und wie viel Angst, Ungewissheit und Hoffnungslosigkeit sich unter den Menschen auszubreiten begannen.

Mir blieben vor dem Auftritt nur wenige Minuten, um mich mit meinem Mediensprecher abzusprechen. Die Redaktion erwartete von mir als Chef eines Universitätsklinikums und Vertreter des nationalen Spitalverbands die Botschaft, das

Gesundheitssystem sei bereit für den Ansturm von Schwerkranken, sowie weitere Aufrufe an die Bevölkerung, die strengen Hygieneregeln auch tatsächlich einzuhalten.

»Lass uns auch Hoffnung machen, etwas Positives sagen und nicht nur die immer gleichen Verhaltensregeln herunterbeten«, meinte ich zu meinem Sprecher und schrieb auf meinem Notizzettel in einer Extra-Spalte einige Hoffnungs-Punkte auf. Die Diskussionsrunde mit vorgegebenem Abstand von zwei Metern im leeren Studio ohne Zuschauer hielt sich keineswegs zurück, der Bevölkerung reinen Wein zur Situation einzuschenken, auch ich nicht, im Gegenteil. Das Erstaunliche war, dass es nach der Sendung in vielen Reaktionen hieß, wir hätten sehr präzise Aussagen gemacht und doch Hoffnung vermittelt.

Als langjähriger CEO bin ich es gewohnt, Zukunftsideen, Leitbilder und Strategien aktiv zu entwickeln und gut zu kommunizieren. Wir formulieren und fördern Perspektive und Hoffnung auf eine gute Zukunft der Firma mit großer Sorgfalt. Mindestens genauso sorgfältig müssen wir mit Hoffnung in unserem Leben und dem unserer Mitmenschen umgehen, das ist mir ganz neu bewusst geworden. Hoffnung entsteht in der Krise nicht durch gut gewählte Worte. Sie kann gerade dann wachsen, wenn man alles andere als gute News zu bringen hat. Sie keimt dann auf, wenn sie in unserem Herz aktiv entwickelt wird und wir sie dann mit unseren Mitmenschen teilen, einander bewusst Hoffnung zusprechen. So werden wir gegenseitig ermutigt und stärken einander.

Weshalb ist das so? Wie die meisten habe ich Ostern mit meiner Familie zu Hause im Lockdown verbracht. Dabei las ich einige Psalmen in der Bibel. Viele davon wurden von einem König namens David verfasst. David ist zu einem meiner Lieblingsautoren geworden, weil er sich Gott gegenüber in seinen Gebeten und Songs so ehrlich ausdrückt, jede Gefühlslage bringt er ungeniert zum Ausdruck. David scheint nichts vor Gott verstecken zu müssen und redet nichts schön.

Besonders Probleme und Krisen nicht. Manchmal hilft es mir, einfach einen Psalm zu suchen, der meine Gefühlslage gerade wiedergibt, und diese so in Worte zu bringen. David ist ein Meister im Hören auf sein Herz und Umgehen mit seinen Ängsten und Hoffnungen.

Beim Lesen fiel mir etwas auf: Jesus zitiert kurz vor seinem Tod, als er am Kreuz hing, den Anfang des 22. Psalms: »Mein Gott, mein Gott, warum hast du mich verlassen?« David kannte offensichtlich dieses Gefühl, sprach darüber mit Gott und wurde viel später von Jesus in höchster Not zitiert.

Mit Ostern, also der Kreuzigung und der Auferstehung von Jesus Christus, antwortet Gott direkt auf unsere Hoffnungslosigkeit. Jesus wusste, dass für ihn die Situation am Kreuz ohne Gott absolut hoffnungslos war. Er durchlebte und durchstarb diese schreckliche Qual, Hoffnungslosigkeit und völlige Distanz zu Gott, und trug sie damit ein für alle Mal, stellvertretend für uns.

Sogar er, der wirklich in einer hoffnungslosen Lage war, hat als Letztes am Kreuz gesagt »Es ist vollbracht!« (Johannes 19,30). Jenseits der totalen Gottverlassenheit gab es doch wirkliche Hoffnung. Erstaunlich. Wie ist das möglich? Gott verließ Jesus, weil an ihm all unsere Schuld hing. Das hat Jesus dramatisch gespürt. Aber selbst da brachte Gott die Hoffnung zurück.

Deshalb kann es überhaupt keine Situation mehr geben, in der Gott uns allein lässt und oder uns die Hoffnung geraubt wird! Auch wenn Hoffnungslosigkeit massiv unsere Gefühle dominiert, wir nichts mehr verstehen und alles um uns herum unterzugehen droht – es gilt ein erstes Prinzip: Mit Hoffnungslosigkeit wurde ein für alle Male abgerechnet und Hoffnung und Gottesnähe steht mir, steht uns immer offen.

Spannenderweise lesen wir im gleichen Psalm 22, und zwar in Vers 22 – ich liebe solche Schnapszahlenverse, die leicht zu merken sind –, wie David plötzlich eine brüske Kehrtwende von der Hoffnungslosigkeit und Gottverlassenheit in die Hoffnung erlebt. Erst sagt er zu Gott: »Entreiße mich aus dem Rachen des Löwen und rette mich …«, und dann: »Du hast mich erhört!«. David hat irgendetwas sehr tief verstanden. Aber was macht er da? Nach großen Klagen und Hilferufen um Rettung plötzlich: »Du hast mich erhört!« und im Folgenden ein Lob auf Gott. Emotional und logisch ist das kaum nachzuvollziehen. Es zeigt sich ein zweites entscheidendes Prinzip: Hoffnung erfüllt uns dann, wenn wir bereit sind, auch inmitten der größten Krise und trotz miserabler Gefühlslage Gottes Güte und Kontrolle über allem auszusprechen.

Ein drittes Prinzip sehen wir im Zusammenhang: Hoffnung kommt durch Wort und Tat und gilt nicht nur uns, sondern auch unseren Mitmenschen. David hat durch sein Gebet und sein Tun nicht nur sich, sondern auch seinen vielen damaligen Gefährten Hoffnung gebracht. Jesus wusste sehr genau, worauf er sich mit seiner Verurteilung am Kreuz einließ. Er tat es aus freien Stücken. Seine letzten Worte am Kreuz waren nicht nur für ihn entscheidend, sondern auch für die damaligen Zeugen seines Todes und für uns alle, die diese Worte heute noch lesen. Er hat uns eine von den Umständen des Lebens unabhängige, unerschütterliche Hoffnung ermöglicht und den Zugang zu sich als lebendigem Gott.

Wir lernen aus Psalm 22 und der Kehrtwende von David: Hoffnung kommt nicht einfach so. Wir alle sind als Hoffnungsträger und Hoffnungsmacherinnen gefragt. Jedes Wort, jede Äußerung, jede Gestik von uns im Alltag und an den Orten unseres Einflusses kann Menschen Hoffnung spenden oder Hoffnung nehmen. Jesus und David haben das vorgemacht. Das ist starke Leadership.

Wenn ich umgekehrt mit Hoffnungslosigkeit konfrontiert bin, stellt sich mir die Warum-Frage. An Gott liegt es nicht. Es ist daher gut, wenn ich weniger frage: Warum diese Krise?, sondern der Krise erlaube, mich zu hinterfragen.

Auch Corona hinterfragt vieles. Krisen bringen oft schonungslos Schwächen von Haltungen und Grundannahmen ans Licht und stellen sie auf die Probe: Ist beispielsweise Gesundheit wirklich das höchste Gut, das wir haben? Ist ein langes Leben das wichtigste Ziel, das wir ansteuern können? Oder zählen Wirtschaft, Wohlstand, Unterhaltung, Konsum und Genuss? Was zählt wirklich für mich?

Wenn wir uns in schwierigen Situationen diesen Fragen stellen, finden wir neue Ansätze für Hoffnung. Hoffnung zu haben, zu erhalten und zu geben scheint im Menschen integriert zu sein. Gott selbst ist Hoffnung und hat uns auf Hoffnung hin so geschaffen, dass wir in jeder Situation neue Hoffnungstreifen am Horizont erkennen können. Wir haben immer die Möglichkeit, uns für eine hoffnungsvolle Perspektive zu entscheiden. Wir können aus Gottes Fülle schöpfen und weitergeben. Das gibt uns selbst und anderen sehr viel Kraft. Entscheidend ist, ob wir diese Quelle der Hoffnung entwickeln, aus ihr leben, Hoffnung weitergeben und so selber zu Hoffnungsquellen werden.

Je länger die Krise dauert, desto mehr erlebe ich, dass Gott viel näher ist als gedacht. Obwohl ich enorm viel arbeiten muss, fällt mir das Gebet, also der Dialog mit Gott, erstaunlich leicht. Ich sage Gott nicht nur ständig, wie es mir geht und um was ich bitte. Ich erlebe auch, wie Gott zu meinem Herzen spricht. Aber nicht nur das persönliche Gebet erlebe ich viel intuitiver und dichter. Gleiches gilt für Gebetszeiten mit meiner Frau oder mit Freunden. Es ist mir wie nie zuvor bewusst und erlebbar geworden, wie nah, wie nahbar, wie natürlich, wie liebevoll und normal mir Gott in den hektischen Tagen begegnen kann und will.

Starke Stütze für mich und meine eigene Hoffnung sind Menschen. Ich erhalte sehr viel Kraft von meinen Mitarbeitern. Unsere Zusammenarbeit ist durch die Krise hindurch eine riesige Ermutigung, obwohl wir alle gefühlt oft am Anschlag laufen. Wir haben als Team einige glückliche Entscheidungen getroffen, die uns sehr weitergebracht haben. Dazu trägt mich meine Familie und einige Freunde unterstützen mich im Gebet ganz entscheidend. Die Gemeinschaft mit diesen Menschen, auch in teils nur kurzen Begegnungen, gibt mir immer neue Kraft und Hoffnung.

Je schwieriger eine Situation ist, desto öfter bitte ich um Weisheit, nicht nur für mich, sondern für alle meine Leute, für meine Teams, für alle, die Entscheidungen treffen müssen. Im Spital müssen wir schon im normalen Alltag anspruchsvolle Entscheidungen treffen. In der Pandemie, wenn Ressourcen knapp werden, wird es richtig hart: Wie viele Mittel können wir einsetzen? Welchen Patienten kommen sie noch zugute? Schwere Entscheidungen über Leben und Tod, zu denen wir am liebsten nie gezwungen werden möchten. Da hilft es mir, für meine Leute zu beten. Weisheit ist in der Bibel versprochen, wenn wir Gott darum bitten (Jakobus 1,5). Auch lesen wir, dass die Welt durch Weisheit gebaut wurde (Sprüche 3,19 / Jeremia 51,15). Wir sind eingeladen, aus Gottes Weisheit weiter zu bauen. Es verbreitet Hoffnung, wenn Dinge richtig laufen.

Gerade in kritischen Situationen ist es von größter Bedeutung, Führung aktiv wahrzunehmen und überlegt, aber entschieden zu handeln und nicht zu lamentieren. Es ist gut, häufig präsent zu sein, und besser, die eine oder andere Entscheidung etwas weitergreifend zu treffen, als zu passiv zu bleiben. Unser Handeln und Entscheiden prägt Familien, Firmen, Organisationen und Kirchengemeinden. Es hilft ihnen, in der Krise ihre Rolle richtig wahrnehmen zu können und ihren Beitrag für die Gesellschaft erfolgreich zu leisten.

Oft empfinde ich es so, dass schon in meinem normalen Alltag zu wenig Zeit für das Gebet bleibt, und denke dann, dass es in der Mehrarbeit und Hektik der angespannten Situation noch schwerer wird, »richtig« zu beten und auf Gottes Geist zu hören. In der Krise habe ich festgestellt, dass dieser Gedanke grundfalsch ist. Gott ist uns nicht dann besonders nahe, wenn wir uns besonders bemühen. Er kommt uns umso näher, je schwieriger es ist, je mehr wir ihn brauchen. Ich staune nur, wie viele überraschende Ideen und klare Gedanken er aus kürzesten Gebetszeiten oder einfach so zwischen zwei Meetings schenken kann. So oft habe ich einen Lösungsansatz für das nächste Meeting aufgeschnappt, der sich als klar und zielführend erwies, oder einen überraschenden Eindruck, der genau passte. In der Krise lerne ich neu, so etwas nicht einfach als komischen Gedanken oder mit einem »passt bestimmt nicht« abzutun, sondern es trotz wenig Zeit unmittelbar umzusetzen. Damit bin ich gut gefahren. So konnte ich verschiedenen Leuten einfach den passenden Tipp geben oder Hoffnung machen.

Eine Geschichte ging mir besonders ans Herz: Ich begegnete einem Menschen, der aufgrund der Pandemie-Vorschriften sein Geschäft schließen musste, nicht mehr arbeiten durfte, und in Existenznöte kam. Selbst voll in Aktion, hatte ich kurz und klar den Eindruck: »Gib 1000 Franken«. Sofort schoss mir »passt gar nicht« durch den Kopf, »schräg, ist voll peinlich«. Trotzdem habe ich die Person angesprochen und ihr erzählt, dass mir aufs Herz gelegt wurde, ihr 1000 Franken zu schenken. Sie konnte das zunächst kaum annehmen und willigte dann völlig erstaunt ein. Noch vor Ort überwies ich das Geld mobil und durfte sehen, wie Hoffnung in ihrem Gesicht aufflackerte.

Jesus ist in der Krise so wunderbar liebevoll, so nahbar. Es lohnt sich, mehr mit ihm zu sprechen. Wie mit einem Menschen nebenan, ganz normal und natürlich. Er gibt mehr als genug Trost, Kraft und Ideen. So können wir mit beherzten Worten und Taten für unsere Mitmenschen Teil der Lösung und Quelle von Hoffnung werden.

Dr. med. Werner Kübler, Direktor des Universitätsspitals Basel, Vater von drei jungen Erwachsenen und großer Fan von Non-Profit-Organisationen, hofft, dass wir richtig stark aus der Krise herauskommen.

DAS GROSSE FEUER

DORIS LINDSAY

Es war eine sternenklare Nacht im Sommer 2015. Die Grillen zirpten, das Fenster in unserem Haus in Südafrika stand weit offen und ich war gerade dabei, die Kinder zu Bett zu bringen. Während des Nachtgebets roch ich plötzlich Rauch. Noch während ich betete, fragte ich mich, ob unsere Nachbarn etwa noch ein Barbecue planten.

Ich ging zum Fenster und wollte den Vorhang zuziehen, als meine Augen durch den Spalt die rote Linie am Horizont erblickten. Sogar in dieser pechschwarzen Nacht konnte man den qualmenden Rauch sehen, der von diesem roten Streifen zum Himmel strömte. Ich riss den Vorhang zur Seite und schrie auf. Die Kinder sprangen aus ihren Betten und wir schauten ungläubig zum Horizont: Da war Feuer. Unser Berg stand lichterloh in Flammen.

Zu diesem Zeitpunkt hatte ich noch keine Ahnung, dass das Feuer in den nächsten 24 Stunden unsere ganze südliche Bergkette ergreifen würde, dass einige Häuser und Weinfarmen sowie mein über alles geliebter Fynbos (das florale Königreich im Südwesten Südafrikas) niederbrennen würden. Die Katastrophe hatte erst begonnen. Doch was ich damals auch noch nicht wusste, war, dass ich Gott durch dieses Feuer ganz besonders erleben und in meiner damaligen Lebenskrise neue Hoffnung finden würde.

Während ich nun diese Zeilen schreibe, befinden wir uns in Südafrika in einem strikten Lockdown, einem Hausarrest

von 35 Tagen, wo wir unser Haus nicht mehr verlassen dürfen. Schon jetzt ist die Rede davon, dass er verlängert wird. Die Polizei kontrolliert die Straßen und die Armee ist präsent. Wir dürfen nur für dringende Essenseinkäufe aus dem Haus.

Die sozialdiakonische Arbeit, die wir normalerweise tun, liegt auf Eis. Die jungen Menschen, um die wir uns kümmern und die aus schwierigen Verhältnissen kommen, mit Missbrauch und Gewalt an der Tagesordnung, sind ebenfalls zu Hause eingesperrt, im schlimmsten Fall zusammen mit ihren Peinigern. Neben den häuslichen Gefahren und den terrorisierenden Gangs schleicht nun auch noch ein Virus durch die Gassen. Ein unsichtbarer Feind, vor dem sich alle fürchten, der viel Argwohn produziert und uns vor Beklemmung kaum atmen lässt. Wir sind isoliert und die Zukunft ist alles andere als klar. Ich habe keine Ahnung, wie unsere Arbeit in Zukunft aussehen wird, wann wir das Jugendzentrum und die Programme wieder starten können.

Meine Gefühle in dieser Krise kommen mir verdächtig bekannt vor. Habe ich Ähnliches nicht schon mal erlebt? Im Jahr 2012 sind wir als Familie nach Südafrika gezogen. Wir waren sehr motiviert und wussten: Dies ist ein Lebensabschnitt, zu dem wir uns berufen fühlen. Wir gaben unsere Jobs als Schulleiter einer privaten Institution auf. Eine Aufgabe, die wir lange mit Leidenschaft und Erfolg ausgeübt hatten. Wir verließen unsere Heimat, das Land, das wir liebten, den Ort, wo unsere Familien und Freunde zu Hause sind. Die zurückliegenden 15 Jahre waren fruchtbar gewesen. Wir hatten viel in Menschen investiert und kompetente Mentoren auf unserem Wachstumspfad erlebt, Wohlwollen und Unterstützung erfahren. Unser soziales Umfeld war intakt und unser Freundeskreis groß.

Mit dem Wegzug aus der Schweiz in ein Land, in dem wir bei Null anfangen mussten, ausgerüstet nur mit der Hoffnung, dass Gott uns hier gebrauchen wollte, erlebten wir schon nach einigen Monaten die Ernüchterung. In Ocean View, einem ehemaligen Township mit Menschen, die viel Gewalt, soziale Ablehnung und Missbrauch erlebt hatten, startete unsere Arbeit. Wir standen Menschen gegenüber, die in ihrem Leben wenige soziale Fähigkeiten gelernt hatten und denen die Grundlagen von Vertrauen und gesunder Gemeinschaft fehlten. Wir wurden nicht freundlich empfangen oder mit Dank überschüttet. Die Menschen waren so mit sich selbst und ihren Problemen beschäftigt, dass sie die Opfer, die wir gebracht hatten, um ihnen zu helfen, gar nicht wahrnahmen. Sie vertrauten uns nicht, das ganze erste Jahr nicht. Es war hart. Wir investierten monatelang mit viel Herzblut und es kam sehr wenig zurück. Unsere Berufung zur Liebe und Hingabe an diese Menschen wurde einem harten Test unterzogen.

Zudem lief es in dem Team, in dem uns unsere Organisation platziert hatte, nicht gut. Der extrem autoritäre Stil des Leiters verhinderte gesundes Wachstum und eine fröhliche Teamkultur. Mich stürzten diese herausfordernden Situationen in eine emotionale Krise. Ich vermisste meine Freunde. Ich trauerte um meine frühere Position. Ich schaute zurück und sah all die guten und sinnerfüllten Möglichkeiten in der Vergangenheit. Ich sehnte mich nach Anerkennung wie in früheren Beziehungen. Ich fühlte mich wertlos und unnütz. Es war, als sei meine Identität vom Sockel gerissen worden, und ich fragte mich ernsthaft, wie lange ich das noch aushalten würde. Ich schlief schlecht und weinte immer wieder mal. Einsamkeit machte sich breit und es fühlte sich an wie ein schwarzes Tuch, das über mich gezogen wurde und mir meine Lebensfreude stehlen wollte.

Obwohl wir uns vor unserer Ausreise auf harte Zeiten eingestellt und von vielen anderen Menschen gehört hatten, die ähnlich Schwieriges erlebt hatten, traf es mich mit voller Wucht. Zukunftsängste taten sich auf und ich sah kein Licht am Ende des Tunnels. Doch erstaunlicherweise wussten wir immer, dass wir am richtigen Ort waren. Wir hatten Gott im Vorfeld so klar erlebt und waren uns sicher: Er hatte uns hierher geschickt. Die Hoffnung, dass Gott in diesem Township etwas tun wollte, war tief in uns verankert.

Doch der Prozess war schmerzhaft. Ich rang mit Gott und seiner Berufung für mich. Ich klagte ihn an und fand es schwierig, dass ich einen großen Teil meiner Gaben und Fähigkeiten nicht mehr einsetzen konnte. Ich besuchte viele Menschen jeden Tag im Township und im Gefängnis. Ich konnte sie nicht retten und wusste auch, dass dies nicht meine Aufgabe war. Doch die wiederkehrenden Probleme waren ernüchternd und ermüdend.

In diese Zeit fiel das Feuer. Das alles vernichtende Feuer, das die Pflanzenwelt und noch vieles mehr einfach verschlang. Auf den ersten Blick war alles weg. Es gab nur noch Steine. Eine kahle Öde tat sich vor uns auf. Unser Berg war schwarz, wie auch die ganze südliche Bergkette auf unserer Halbinsel. Während Wochen dampfte und qualmte es. Asche regnete auf unsere Häuser nieder und alles war dreckig. Polizei, Armee und Feuerwehr sowie ein Heer von Volontären waren pausenlos im Einsatz. Auch ich war mit nassen Tüchern bewaffnet auf dem Berg und schlug auf die Erde. Unsere Gummisohlen schmolzen von der Hitze im Boden. Es waren Szenen wie aus einem apokalyptischen Film.

Als ich eine Woche nach dem Brand über die Bergstraße fuhr und das Auto mitten im Brandgebiet anhielt, überkam mich eine starke Trauer. Es sah aus wie auf dem Mond. Nicht dass ich gewusst hätte, wie es dort aussah, doch so stellte ich mir die Mondlandschaft vor. Wo früher die schönsten Sträucher und Blumen gewuchert hatten, waren nur noch Staub und verkohlte Erde übrig. Eine kahle, schwarze Landschaft mit immer noch leicht qualmenden dünnen Baumstrünken, die wie Grabsteine aus dem Boden ragten. Der Wind blies mir die Asche in die Nase und ich hustete.

In diesem Moment vernahm ich die Stimme in mir, die sich schon öfter als Reden Gottes herausgestellt hatte. Ich spürte, wie er mir aufzeigte, dass es auch in meinem Leben so aussah.

Mein früheres Leben war verbrannt. All das Schöne, das ich je erlebt hatte, was mich erfüllte oder glücklich machte in meinem Job, war weg. Ich liebte es, zu predigen und zu lehren. Nichts von dem konnte ich mehr tun. Ich liebte die Kleingruppen, die ich gegründet hatte, und die Menschen, die mit mir das Leben geteilt hatten. Sie waren weit weg und lebten ihr Leben nun ohne mich. Ich dachte an unser Team, das wir über Jahre geleitet hatten. Es hatte nun andere Leiter. Ich erinnerte mich an all die Menschen, die mir gedankt hatten, dass ich ihnen in irgendeiner Weise geholfen hatte. Doch dies war Vergangenheit.

Meine Füße berührten einen schwarzen, stinkenden und dreckigen Boden und ich steckte in einer Arbeitssituation, die ich so nicht gewählt hätte. Wer war ich nun noch? Ich fühlte mich als ein »Nobody«, gefangen in einer Berufung, die ich mir so nicht vorgestellt hatte. Ich stand mit meinen weißen Turnschuhen, die schwarz wurden von der Asche, inmitten der größten Identitätskrise, die ich je gehabt hatte, und trauerte um mich selbst.

Doch Gott ist ein Gott, der Hoffnung gibt. Er lässt uns nicht alleine und weiß um unsere Krisen. In diesem Moment, auf diesem Berg, zeigte er mir, wer ich bin. Es ging gar nicht darum, was ich für Gott tun konnte und was ich brauchte.

Es ging nicht um mich, sondern um den Gott, der mich geschaffen hatte. Vertraute ich ihm? War er mir wichtiger als ich mir selbst? Ich fühlte, wie Gott mich fragte, ob ich bereit sei, in einer nicht erfüllenden Arbeitssituation zu bleiben und den Menschen im Verborgenen zu dienen, mit dem Wissen, dass er mit mir ist und mir die Anerkennung geben wird, die ich brauche.

Getroffen von Gottes Gegenwart traf ich eine Entscheidung. In meinem Herzen betete ich und legte Gott meine Krise zu Füßen. Ich bat ihn um Vergebung für meine Selbstsucht und meinen Egoismus. Ich legte ihm meinen Schmerz und meine Einsamkeit hin. Mein Ringen mit meinen zukünftigen Chancen und Möglichkeiten. Ich fühlte, wie ich meine Berufung und meine Vorstellung von Berufung in die Asche legen sollte. Ich tat es und wandte mich neu Gott zu.

Ich kam verändert herunter von dem Berg mit einer neuen Blickrichtung und der Erkenntnis, dass diese Krise meine größte Chance war. Mehr von Gott und weniger von mir. Das ist zwar schwierig aber auch befreiend. Wenn wir anstatt uns selbst dem vertrauen, der uns geschaffen hat, kann Heilung geschehen. Ja, heute bin ich überzeugt, dass Gott durch Krisen heilen und wiederherstellen will.

Auch wenn sich Umstände verändern, unsere Vorstellung vom Leben auf den Kopf gestellt wird und wir so richtig durchgeschüttelt werden durch schwierige Erlebnisse, ist Gott nicht abwesend, sondern immer an unserem Herzen interessiert. Er sehnt sich nach einer Beziehung mit uns und will Teil unserer Krise sein, und zwar als derjenige, der uns trägt und an dem wir uns ausrichten.

Nach jedem Feuer sprießt neues Leben in der Natur. Aus den Wurzeln heraus wachsen die neuen Pflanzen und manchmal geht es schneller, als man denkt. Die Vegetation und die Landschaft sind nicht mehr dieselben – doch es wird wieder grün.

Ja, meine Gefühle von Hilflosigkeit in dieser momentanen Weltkrise erinnern mich an die Zeit vor dem Feuer. Doch sie ist deine und meine Chance. Wir können uns Gott hingeben, ihm vertrauen und – anstatt uns zu bedauern – seine einladende Hand annehmen und mit ihm vorwärtsgehen. Durch die Asche hindurch, mit dreckigen Schuhen und einem offenen Herzen für die Zukunft.

Doris Lindsay, Co-Leiterin von »HopeTown Südafrika« und Gründerin von »More than pretty« sowie Blumen schnuppernde Visionärin, hofft – sehr zum Leidwesen ihres Ehemanns – auf Flohmärkten stets auf Schnäppchen.

WILD UND BEFREIT

DANIEL SCHÖNI

Einen wilden Unternehmer, so nennen mich andere. Das Transportgewerbe gehört zu den ganz harten Branchen, da braucht man starke Nerven und ein stabiles Rückgrat. Ich setze mich auch selber immer wieder in einem meiner Lkw hinters Steuer und gehe auf Tour. Dabei bin ich zum Beispiel schon mal zwei Wochen im Iran hängengeblieben. Letzte Woche bin ich nach Italien gefahren, denn dort verkehren rund 200 unserer Lkw. Dort will momentan lieber niemand sein. Also dachte ich mir: Es macht sich wohl nicht schlecht, wenn der Chef auch selber mal nach Italien fährt. Daher machte ich eine Rundtour mit Zeitungsdruckpapier nach Rom und einer Ladung Toilettenpapier aus Napoli zurück in die Schweiz. Aber der Reihe nach …

Ich kam als jüngstes von vier Kindern im Jahr 1971 auf die Welt. Mein Vater hatte zwei Jahre zuvor seine eigene Transportfirma gestartet. Als ich zwei Jahre alt war, gab es die erste Ölkrise. Das war ein Kampf ums Überleben für das junge Unternehmen. Später realisierte ich, dass meine großen Brüder mir in allem überlegen waren. Mit ihnen verglichen konnte ich nichts. In der Schule lief es nicht besonders gut. Immer wieder stand im Zeugnis, ich sei ein wildes und eher unkonzentriertes Kind. Nach der Schule sollte ich daher in ein Internat. Dieses Internat sei strenger als jede Rekrutenschule und da würden solch wilden Kerlen wie mir Manieren beigebracht. Ich selber sah mich in einem anderen Licht als meine Eltern, eher als ein Nichts. Das Einzige, das wirklich gut lief bei mir, war mein Mundwerk. Damit brachte ich meinen Vater immer wieder auf die Palme.

Im Frühling 1987 rückte ich also ins Internat ein. Zum ersten Mal lebte ich ohne meine Familie, dafür mit 55 anderen Jungs aus der ganzen Deutschschweiz. Das war es dann mit einem wohlbehüteten Zuhause. Keine Mutter mehr, die einem »Gute Nacht« sagte. Niemand mehr, der einem zuhörte oder einen in die Arme nahm. Ich wurde quasi über Nacht erwachsen. Meine Eltern organisierten eine Familie, die mich am Sonntagmorgen abholte, mich in einen Gottesdienst mitnahm und zum Mittagessen wieder im Internat ablieferte. Ich war der einzige von 55 »echten Kerlen«, der in den Gottesdienst musste. Playboy, Penthouse und andere einschlägige Hefte zirkulierten laufend. Etliche rauchten, einige von ihnen Gras.

Alle sieben Wochen durften wir übers Wochenende nach Hause. Ich wollte immer meinem Vater gefallen, was mir leider nie so recht gelang. Vielleicht war dann die Wahl des aus seiner Sicht richtigen Berufes der Schlüssel zum Erfolg. Aus freien Stücken wählte ich den Beruf des Lkw-Mechanikers. »So einer fehlt uns«, hatte ich immer wieder von meinem Vater gehört. Meine Brüder waren beide als Kaufmänner unterwegs. Mein Vater hatte einen Betrieb im Nachbardorf im Sinn, doch der wollte mich eigentlich nicht. Also katapultierte mein Vater den Sohnemann mit entsprechendem Druck in die Lehrstelle. Doch dort war mir bereits nach zwei Wochen klar, dass das nicht meine Berufung war.

Auch in anderer Hinsicht lief es nicht so gut: Meine »Angebetete« wollte mich nicht, aber ich blieb dran. Nach abgeschlossener Lehre war ich zuerst für ein halbes Jahr als Lkw-Fahrer in Vaters Betrieb tätig. Ich gab alles, um ihm zu gefallen. Stellte neue Kilometerrekorde auf, doch der federführende Disponent sagte dann doch zu mir: »Dani, du bist eine lahme Ente!« Ich machte noch eine kaufmännische Ausbildung. Der Freitag war frei und zum Lernen gedacht, doch ich unternahm jeweils eine Italienrundtour mit dem Lkw und war am Samstagabend wieder zu Hause.

Schließlich konnte ich meine Traumfrau Andrea doch noch heiraten. Doch ein halbes Jahr später hatte ich einen schweren Unfall. Ich erinnere mich, wie ich auf der Unfallstelle aus der Ohnmacht erwachte. Ich konnte nur noch sehr mühsam atmen, unter meinem Kopf war eine Blutlache. Ich spürte, dass ich starke innere Verletzungen haben musste. Wie ein Film zog mein Leben an mir vorbei, meine ersten 23 Jahre, die Hochzeit. Ich weiß noch, wie ich dachte: Gott, das kann es doch nicht gewesen sein, ich will noch leben, ich will noch beweisen, dass ich doch zu gebrauchen bin. Dann kam der Rettungswagen und es wurde schwarz um mich. Ich überlebte nach dramatischen fünf Tagen, in denen ich mit dem Tod rang. Die Diagnose: Abriss des linken Lungenflügels.

Einige Monate nach dem Unfall setzte ich meinen Vater unter Druck, mir eine Aufgabe zu geben, in der ich beweisen könne, dass ich zu gebrauchen sei. So wurde ich mit 24 Jahren Geschäftsführer einer sehr maroden Sauerkrautfabrik, die meine Eltern kurz vor meinem Unfall gekauft hatten. Meine Gesundheit war alles andere als intakt. Mein Wunsch, Transportunternehmer zu werden, rückte in weite Ferne, denn mein Bruder hatte den elterlichen Betrieb inzwischen gekauft. Wöchentlich musste ich ins Krankenhaus zu einer Lungenspiegelung. Alle zwei Monate hatte ich einen Eingriff unter Vollnarkose, 1999 dann eine weitere riskante Operation: Mein linker Hauptbronchus musste entfernt werden und der linke Lungenflügel wurde direkt an die Luftröhre angeschlossen. Zwei Wochen nach der siebenstündigen Operation war ich wieder im Geschäft. Ich hatte die Firma, die mit einem großen Defizit gestartet war, binnen weniger Jahre in ein sehr florierendes Unternehmen umgewandelt.

Im Jahr darauf kam ein Anruf meines Bruders: »Dani, du

musst sofort nach Hause kommen, unser Vater ist tödlich verunglückt!« Ein Jahr zuvor hatte ich meinen Eltern die Sauerkrautfabrik abgekauft. Außer Schulden besaß ich nichts. Auch wenn die Beziehung zu meinem Vater nicht super war, wurde mir schlagartig bewusst: Nun stehst du mit der ganzen Verantwortung alleine da! Ein Jahr später teilte mir mein Bruder mit, dass er die Zukunft im Transportgewerbe nicht mehr sehe, er werde die Firma verkaufen. Wenn ich diese wolle, sei jetzt der Moment.

Das war der Zeitpunkt, wo ich zum ersten Mal klar und deutlich eine Stimme in mir hörte, die für mich Gottes Stimme war: »Dani, wenn du die Firma kaufen willst, muss Folgendes passieren: Dein Treuhänder soll kündigen und dein Finanzchef werden. Die Bank muss dir den ganzen Fehlbetrag blanko finanzieren und deine Frau muss ein Ja zu diesem Kauf finden.« Alles ging wie durch ein Wunder in Erfüllung. So wurde ich Inhaber der Firma, die immer schon mein Bubentraum gewesen war.

Innerhalb von sieben Jahren baute ich den Fuhrpark von 40 auf über 300 Lkw aus. Meine Frau ermahnte mich oft, sie sorgte sich um meinen Charakter, womit sie nicht unrecht hatte. Alles drehte sich um Erfolg und Geld. Ich wiegelte immer ab. Auf meinen Lkw stand seit 2003 selbstsicher: *Yes, we can!* Alles schien mir zu gelingen. Nur mein Vater war nicht mehr da, den ich doch damit hatte beindrucken wollen.

Doch dann ging ab 2009 plötzlich alles den Bach runter. Die Weltwirtschaft steckte in einer Krise. Die Umsätze sanken, die Gewinne brachen weg. Ich war in einem harten und bitteren Überlebenskampf angekommen. Mein Glaube war ein Glaube der Mathematik mit zu wenig Herz und Gnade. Für mich zählten die Werke. Meine Überzeugung war: Ist Gott zufrieden mit dir, hast du Erfolg, geht es schlecht, ist das eine Strafe Gottes. Ich litt wie ein Hund und ging langsam kaputt.

Immer wieder lud uns ein Ehepaar ein, wir sollten einen

Mann besuchen, der aus Neuseeland kam und angeblich einen guten Draht zu Gott hatte. Ich lehnte ab, doch nach fünf Jahren Krise war ich weichgekocht. Ohne uns und unsere Situation zu kennen, erzählte uns dieser Mann die Geschichte eines Freundes, die im Grunde meine war. Gott habe ihm für seinen Freund einen Traum von zwei mit einer Brücke verbundenen Türmen geschenkt, erzählte der Mann. Einer der Türme sei prächtig gewesen, der zweite dagegen im Rohbau und nicht tragfähig. »Gott hat dir Gelingen, Erfolg und Reichtum geschenkt. Dies ist der schöne Turm. Dein Glaube indes ist der zweite Turm, welcher im Rohbau stehengeblieben ist. Die Brücke ist das Angebot Gottes, Gemeinschaft mit ihm zu haben. Solange dein Glaube im Rohbau ist, darf der andere Turm nicht mehr weiter wachsen. Die Ungleichheit ist schon jetzt zu groß und die Stabilität nicht mehr gegeben. Darum habe ich deine Unternehmungen gestoppt.»

Ich war von der Botschaft völlig getroffen. In der Folge wollte ich im Glauben wachsen. Meine Frau und ich besuchten auch Seminare. Auf einem davon fand ich eine neue Freiheit, wie ich sie noch nicht gekannt hatte. Ich hörte einerseits, dass Gott mich genau so gewollt hat, wie ich bin. Ein wilder Abenteurer, immer auf dem Weg, neues Land zu erobern. Aber andererseits lernte ich auch meine Wunden kennen, die mich an einem befreiten Leben hinderten. Da war dieser elende Minderwertigkeitskomplex, gepaart mit Stolz. Ich lernte den liebenden, gnädigen Gott kennen, der mich und mein Herz meint und nicht meine Taten. Mein Leben veränderte sich. Aus *Yes, we can!* wurde *In God we trust,* was heute auf jedem meiner 500 Lkw steht. Ich war nicht mehr der Getriebene, sondern sein geliebtes Kind. Meine Firmen wurden seine Firmen.

Wir erlebten etliche Wunder wie den Bau eines Logistikcenters für geplante 76 Millionen Franken. Das Bauland war eigentlich für Transport und Logistik gesperrt. Alle meine Mitbewerber wollten die Fläche. In mir war eines Nachts wieder diese Stimme, ich solle einfach einen Brief an die zuständige Gemeindebehörde schreiben. Aus menschlicher Sicht völlig aussichtslos, denn die Behörde wollte ja Transport und Logistik verhindern. Dennoch öffneten sich die Türen. Ohne Zusicherung einer Bank und somit ohne gesicherte Finanzierung planten wir weiter. Trotz vieler Rückschläge konnten wir letztlich alles finanzieren. Denn wenn Gott baut, bezahlt er auch. Heute sind die Logistikflächen voll belegt.

Es läuft nicht alles paradiesisch. Ich bin zum Beispiel nicht alle meine Schwächen losgeworden. Gott hat uns nicht das Paradies auf Erden ohne Mühen versprochen. Seine Zusagen sind in einer weit größeren Dimension zu sehen. Er verspricht uns das Leben aus der himmlischen Perspektive und nicht aus der menschlichen. Egal, in welcher Situation du persönlich in dieser Zeit steckst – ich möchte dir Mut machen, dich an diesen liebenden himmlischen Vater zu wenden, denn er hat einen Plan für einen jeden von uns.

Daniel Schöni, Unternehmer aus Berufung, Patron und Abenteurer, hofft, dass Gott noch viele richtig große Abenteuer für ihn auf Lager hat.

HOFFNUNG TRÄGT KIRSCHEN

DANIELA MAILÄNDER

Mit ganzer Kraft ramme ich den Spaten in die Erde. Ein mickriges Kirschbäumchen steht neben mir. Ich habe es im Supermarkt gekauft. Seit gestern sind alle Bau- und Gartenmärkte hier in Bayern geschlossen. Nach der Ausgangssperre, die uns Corona beschert hat, kann ich die Frühjahrsbepflanzung unseres kleinen Gartens vergessen. Und da war mir heute früh beim Wocheneinkauf (der für uns als Familie aussieht wie ein Hamsterkauf) dieser kleine Kirschbaum aufgefallen. Pfahlobst. Eine Blüte. Nicht besonders hübsch. Eigentlich handelt es sich um ein Stück Holz mit ein paar Blättern dran. Und ich ahne schon an der Kasse, dass es mindestens Jahre dauern wird, bis er wirklich Kirschen tragen wird. Aber ich kann es nicht lassen und nehme ihn trotzdem mit.

Und jetzt stehe ich mit dem Spaten in der Hand im Garten. Wieder stoße ich ihn in die trockene Erde. Das Loch wird tiefer. »Graben Sie ein großzügiges Loch!«, steht auf dem kleinen Plastikschild als Hinweis. Großzügig buddeln! Ha! Dass ich nicht lache! Als wenn das Loch, in dem ich seit Tagen sitze, nicht schon tief genug wäre!

Corona hat alles durcheinandergebracht. Beginnen wir bei mir: Ich hatte mich lange und intensiv auf einen großen Kongress vorbereitet. Doch eine halbe Stunde vor meinem Einsatz wurde der ganze Kongress mitten im Verlauf abgesagt. Ich hatte mich so auf die Erholung im Anschluss gefreut. Stattdessen verbrachte ich die Zeit einsam und isoliert in Quarantäne.

Zu einem Zeitpunkt, als wir alle noch nicht ahnten, dass Corona uns in eine weltweite Krise stürzen würde. Als ich endlich wieder bei meiner Familie sein konnte, war zwei Tage später klar, dass die Schulen schließen würden. Eine Woche später: Ausgangssperre. Mal abgesehen von meinem kleinen Leben: Die Welt ist im Ausnahmezustand. Grenzen sind geschlossen. Und Mitmenschlichkeit ist infrage gestellt. Die Nachrichten vergleichen Todeszahlen wie Wahlergebnisse und lamentieren über besseres Krisenmanagement. Da sitzen wir nun alle miteinander im Loch – im Krisenloch.

Ich bin wütend. Schon seit Tagen. Wütend auf dieses Virus und auf alles, was es uns gerade so vermasselt: lang herbeigesehnte Hochzeiten, die Durchführung geplanter und hart erarbeiteter Projekte, Freunde treffen, in die Schule gehen, Ostern feiern. Und noch schlimmer: Ich bin zornig darüber, jeden Tag mit Todeszahlen und der Begrenztheit von Leben konfrontiert zu sein. Ich rege mich über egoistische Menschen auf, die mit Großmäuligkeit eine unfassbare Ignoranz an den Tag legen. Oder die mit ihrer Angstmacherei und Weltuntergangsstimmung andere mit dem Angstvirus anstecken. Ich bin wütend darüber, dass sich die Berichterstattung unserer Medien fast ausschließlich um die Coronakrise dreht und dass wie nebenbei Friedensabkommen, offene Grenzen, demokratische Grundwerte und internationale Verträge einfach über Bord geworfen werden. Ich bin wütend auf die zwei Jugendlichen, die meine Kinder am Gartenzaun fragen, ob wir heute Besuch bekommen hätten. Das sei nämlich verboten.

Also ramme ich den Spaten in den Boden. »Wut« – so sagt meine Mentorin – »ist die Kehrseite von Trauer! Wenn du nicht trauern kannst, wirst du wütend und zornig.« Und das bin ich. Irgendwie in Wellen. Mal geht es besser, mal schlechter. Dazwischen Hilflosigkeit. In den vergangenen Tagen haben sich diese Wut und die Traurigkeit abgewechselt. Ich sehe die Nachrichten, die Bilder eines Massengrabes. In einem Podcast erzählt eine Krankenschwester, wie sie einen Sterbenden nicht in den Armen halten durfte. Ein Reporter berichtet aus einem Entwicklungsland, dass die Toten dort nicht mehr abtransportiert werden. Eine Mitarbeiterin des Jugendamtes erzählt mir die traurige Wahrheit über ein Mädchen, das in letzter Minute wegen zu vieler blauer Flecke und noch ganz anderer Wunden aus der Familie geholt wurde. Dazwischen erscheinen in meinem Newsfeed die Bilder der Kinder in den Flüchtlingslagern Südosteuropas. Wut ist da ja wohl nur berechtigt und in mir tobt es beim nächsten Spatenstich umso mehr. Aber bei dieser Wut soll es nicht bleiben! Lasst uns trauern. Miteinander um Worte ringen. Geschichten austauschen. Darüber nicht bitter werden, sondern den Schmerz teilen.

Inzwischen passt der Baum – also der Meter Holz mit Blättern dran – in das Loch. Anscheinend bin ich tief genug. Ich schäle die Supermarktpflanze aus dem Plastikübertopf und setze sie in die Grube. »Ausreichend und intensiv wässern!«, lese ich auf dem Schild. Während das Wasser aus dem Schlauch läuft, frage ich mich, ob mein Glaube an Gott nicht genauso mickrig aussieht wie dieses jämmerliche Bäumchen vor mir. Ich will ja glauben, dass Gott diese Welt in seiner Hand hält. Ich möchte wirklich daran festhalten, dass er es gut mit uns meint. Zu jeder Zeit. Ich will darauf hoffen, dass die Krise uns stärker macht und uns zusammenrücken lässt als Menschen. Ich wünsche mir, daran festzuhalten, dass auch diese Krise meinen Charakter schult und meine Persönlichkeit festigt. Ich habe fest vor zu glauben, dass Gott gerade jetzt im Leid, im Fragen, im Trauern da ist.

Und doch ertappe ich mich beim Zweifeln und Fragen: »Gott, bist du wirklich da? Hast du uns verlassen? Denkst du denn nicht an uns, die wir doch deine Kinder sind?« Mit meinem festen Glauben ist es gerade nicht ganz so weit her. Da sind gerade ganz viele Fragen. Anscheinend müsste mein Glaube auch so intensiv bewässert werden, wie diese Pflanze vor mir.

Mir fällt die Jahreslosung über diesem Krisenjahr 2020 ein:

Ich glaube! Hilf meinem Unglauben! (Markus 9,24; LUT)

Das ist der verzweifelte Schrei eines Vaters, der Jesus mit allem, was er hat, anfleht, seinen Sohn zu heilen. Und in diesem Moment stimme ich in das verzweifelte Gebet mit ein: »Gott! Ich will ja glauben, dass du es gut meinst! Dass du diese Welt und mein Leben in deiner Hand hältst. Dass ich vertrauensvoll und hoffnungsvoll sein kann und bleiben darf. Mein Glaube an dich ist gerade nicht sehr stark. Du bist mir so fremd. Ich sehe jeden Tag die Todeszahlen. Ich erlebe, wie Vertrauen zwischen Menschen kleiner wird und Misstrauen größer. Es wäre doch ein Kleines für dich, diese Krise zu beenden und damit das Leiden. Dem Sterben, der Angst und dem Chaos einen Riegel vorzuschieben! Gott, ich verstehe dich nicht! Ich bin wütend! Ich trauere um alles, was uns gerade durch die Finger rinnt! Ich möchte an dich glauben! Ich glaube! Hilf meinem Unglauben!«

Ich drehe den Wasserhahn ab und betrachte das Bäumchen. »Kann man Glauben irgendwie ‚bewässern'?«, frage ich mich. Und ich ahne, dass ich den ersten Schritt dieses Bewässerns schon getan habe. Man sagt, zwei Dinge helfen, dass man innerlich nicht austrocknet. Erstens: Beten! Und damit meine ich diese ehrlichen Gebete, das Ringen, das Fragen, das Klagen! Aber auch das bewusste Suchen des Guten, Danke sagen für das, was gerade positiv ist. »Mut ist Angst, die gebetet hat!«, schreibt die Aktivistin gegen das NS-Regime und Christin Corrie ten Boom. Und zweitens: Gemeinschaft! Verbindung mit anderen muss aktiv gesucht werden in diesen Tagen. Es ist gerade nicht selbstverständlich, Freunde zu treffen oder vielleicht sogar in den Gottesdienst zu gehen. Ich neige dazu, mich in Krisenzeiten zurückzuziehen. Aber gerade in der Krise gehöre ich unter Menschen. Brauche gute Worte und Beziehung. Also verabrede ich mich per WhatsApp-Anruf mit meiner Freundin. Nehme am Zoom-Call meiner Kirchengemeinde teil und rufe später einen Bekannten an. Und auch da nehme ich mir fest vor, ehrlich zu sein. In diesen Tagen brauchen wir keine Helden. Sondern einfach einander.

Ob dieses billige Supermarkt-Möchtegern-Bäumchen wirklich eines Tages Kirschen tragen wird? »Blütezeit April bis Anfang Mai. Ernte ab Mitte Juni« steht auf dem Plastikschild. Was, wenn ich diesem kleinen Bäumchen eine Chance gebe? Ich beschließe, dieses Stück Holz – egal, wie mickrig es aussieht – zu düngen, es zu gießen und zu pflegen. Und bin wild entschlossen, dass ich meinen Teil dazu beitragen werde, dass es eines Tages Kirschen tragen wird.

Genauso möchte ich mit meinem kleinen Glauben auch umgehen. Ich will trotzig bleiben in dieser Corona-Krise. Ich will meinen Teil dazu beitragen, dass wir in dieser Krise zuversichtlich bleiben. Ich widerspreche der Hoffnungslosigkeit, dem Sich-Drehen um Todeszahlen und dem Misstrauen, das sich nach und nach um uns herum verbreitet. Ich hoffe auf Gott. Und der ist ja wohl unabhängig von meinem kleinen Glauben. Ich werde beten und bitten und verzweifelt nachfragen. Ich werde nicht aufhören, ihn um sein Eingreifen anzuflehen – auch wenn es aussichtslos zu sein scheint.

Ich kann und werde mich mit der Wirklichkeit, dass wir in Zukunft Masken tragen werden, uns zwischenzeitig nicht zu Gottesdiensten treffen können (während Autohäuser geöffnet haben) und Berührungen verboten sind, nicht abfinden! »Hoffnung ist die Leidenschaft für das Mögliche!« sagt der Philosoph und Theologe Sören Kierkegaard. Ich persönlich will leidenschaftlich für die Möglichkeit leben, dass diese Krise bald vollständig beendet sein wird.

Es darf nicht normal sein, wie distanziert wir miteinander umgehen! Bekannte denunzieren sich, weil man gesehen hat, dass sich Menschen zu nah zueinandergestellt haben. Alte müssen alleine sterben, aus Angst, dass sie angesteckt werden. Meine Kinder fragen mich mit großen Augen, ob sie sich denn beim Reden mit Freunden anstecken können. Dass wir den Tod von Menschen nur noch in Zahlen ausdrücken und sie nicht würdig beerdigen, ist eine Unmöglichkeit. Dass Kinder Situationen in Familien ausgesetzt sind, die zerstörerisch und demütigend sind, und dass niemand nachfragt, woher die blauen Flecke kommen, ist Unrecht. Wenn Menschen die Straßenseite wechseln, weil sie Angst vor einer Ansteckung haben, regiert die Hoffnungslosigkeit. Und das eigentliche Virus ist dann die Angst!

Ich möchte dieser Angst nicht nachgeben. Ich möchte vielmehr die Hoffnung hegen, pflegen und düngen – bis sie Früchte tragen wird. Mit meinem kleinen Leben: Beim Einkaufen ein Lied zu pfeifen. Laut zu lachen. Nicht nachzugeben im Hinweisen auf die Situation in den Flüchtlingslagern. Eben nur ein Stück Hefe und nur eine Packung Klopapier zu kaufen. Ich werde kluge Entscheidungen der Politikerinnen und Politiker auch weiterhin unterstützen. Ich werde aber auch nicht aufhören, kritisch nachzuhaken, wenn demokratische Grundrechte beschränkt oder gar ausgesetzt werden. Ich werde nicht aufhören, über Gott zu sprechen – weil wir sonst die Religionsfreiheit verraten. Ich werde nicht aufhören zu beten. Ich will jetzt schon daran erinnern, dass es für uns einst selbstverständlich war, über offene Grenzen in Europa zu reisen. Ich werde dafür eintreten, dass ein Virus der Feind ist und nicht die, die es vielleicht nicht früh genug erkannt oder die Gefahr verschwiegen haben. Ich werde nicht aufhören, den derzeitigen Zustand als Ausnahmezustand zu betrachten. Ich werde mich nicht mit der Corona-Krise abfinden.

Nein, hier und heute beschließe ich, trotzig zu sein. Glaube ist zukunftssüchtig – deshalb werde ich dieses kleine Hoffnungsbäumchen gießen. Ich dünge die Hoffnung, dass unsere Kinder Freiheit und Berührungen als genauso selbstverständlich betrachten, wie ich es bisher getan habe. Und ich gieße meinen kleinen Glauben an einen guten Gott. »Du wirst schon sehen! Du wirst stark werden!« flüstere ich dem Bäumchen zu.

Da steht er also, der kleine Hoffnungskirschbaum. Wenn ihr in der Nähe seid: Kommt vorbei und schaut ihn euch an! Martin Luther soll gesagt haben: »Wenn ich wüsste, dass morgen die Welt unterginge, würde ich heute noch ein Apfelbäumchen pflanzen.« Apfelbäume hatten sie gerade nicht im Supermarkt. Ich hoffe also auf Kirschen. Und trauere um alles, was wir in diesen Monaten verlieren. Ich werde nicht aufhören zu beten und die Verbindung zu anderen suchen. Ich glaube trotzig. Mit und ohne Kirschen.

Daniela Mailänder ist Referentin für die Fresh X-Initiative »Kirche Kunterbunt« im CVJM Bayern und begeisterte Bergliebhaberin. Sie hofft, dass ihre Kinder aufhören zu denken, dass das mit dem »Hamster-Kauf« wörtlich gemeint war.

ANSPORN ZUR AKTION

GUNNAR ENGEL

Je dunkler es wurde, umso mehr Fenster waren in Kerzenschein getaucht. In jedem dritten oder vierten Haus standen sie in den der Straße zugewandten Fenstern. Mal eine einzelne Kerze, manchmal auch mehrere. Ich fuhr mit angezogenen Schultern die Straßen entlang. Der Wind war zwar kälter geworden, aber ich spürte dennoch am ganzen Körper das wärmende Kribbeln. Es war beinahe, als würde die Hoffnung neu in mir aufsteigen. Ich musste unweigerlich an den Satz der beiden Jünger kurz nach Ostern auf dem Weg nach Emmaus denken:

> *War es uns nicht seltsam warm ums Herz, als er unterwegs mit uns sprach und uns die Schrift auslegte? (Lukas 24,32)*

Angefangen hat es mit der Suche nach Hoffnung und einem Lautsprecher. Und ganz ehrlich: Ein halbes Jahr zuvor hätte ich dich ungläubig angeschaut, wenn du mir gesagt hättest, dass ein Golfcaddy mit Elektromotor und eine Lautsprecherbox einmal zu den wichtigsten Utensilien für meine Verkündigung als Pastor werden würden.

Eine Sache muss man dazu wissen: Ich neige zu Hoffnungslosigkeit. Vielleicht ist es meine nordische Mentalität oder unsere ständige Dunkelheit kurz vor dem Polarkreis. Nicht selten finde ich mich in einem Strom aus negativen Gedanken wieder. Es fühlt sich an, als hätte jemand stählerne Ketten um meinen Brustkorb gelegt, die jede Bewegung unmöglich machten.

Vielleicht überrascht dieser Satz von einem Pastor, der oft darüber spricht, dass wir das Privileg haben, mit dem zu leben, der die Hoffnung selbst ist. Aber so ist es mit den Gefühlen: Wir haben sie nicht immer unter Kontrolle. Schon gar nicht, wenn sich um uns herum alles verändert.

Eine der großen Herausforderungen unserer Tage ist es, in einer hoffnungslos zerbrochenen Welt mit Hoffnung zu leben. Jeder Mensch, dem ich in diesen Tagen begegne, hadert auf die eine oder andere Art mit dieser Aufgabe. Wenn ich morgens in den Spiegel gucke, sehe ich einen Menschen, der vor dieser Herausforderung steht.

In den letzten Wochen habe ich diese Hoffnungslosigkeit deutlicher gespürt als sonst. Verdammt zum Stillsitzen und Abwarten wusste ich nicht allzu viel mit mir anzufangen. Auf gewisse Art merkte ich da erst, dass die Hoffnung fehlte. Zuvor hatte ich alles so straff durchorganisiert, dass ich mich einfach nur an meinen Plan zu halten brauchte. Hoffnung war für mich lange Zeit nicht greifbar. Es war ein Nebenthema, weil vieles einfach so funktionierte.

Aber von einem Tag auf den anderen funktionierte kein Plan mehr. Die Corona-Krise hatte alles lahmgelegt. Um mich herum suchten die Menschen nach Hoffnung. Auch für mich kamen jeden Tag neue Fragen hinzu – vor allem: Wie können wir als Gemeinde gemeinsam durch diese Zeit gehen? Und bei allen Fragen und Unsicherheiten wurde Hoffnung zu meiner Antwort.

Martin Luther sah sich 1516 einer ähnlichen Welle von Angst und Hoffnungslosigkeit gegenüber. Nach einigen Jahren der Ruhe traten in Wittenberg wieder Fälle der Pest auf. Luther schrieb daraufhin einen Brief an seinen Freund und Professorenkollegen Johann Lange. Es sind Worte, die mich jedes Mal aufs Neue faszinieren:

Die Pest bei uns rafft höchstens (doch noch nicht an jedem Tage) drei oder zwei hinweg. Aber der Schmied, unser Nachbar gegenüber, hat heute einen Sohn begraben, der gestern noch gesund war; der andere liegt angesteckt darnieder. Was soll ich sagen? Sie ist da und beginnt gar rau und plötzlich, besonders bei jüngeren Leuten. Und Du rätst mir […] zur Flucht! Wohin soll ich fliehen? Ich hoffe, dass die Welt nicht zusammenstürzen wird, wenn Bruder Martin stürzt. Die Brüder freilich werde ich bei Ausweitung der Pest in alle Lande zerstreuen. Ich bin hierher gesetzt; aus Gehorsam steht es mir nicht frei zu fliehen […]. Nicht, dass ich den Tod nicht fürchte (denn ich bin nicht der Apostel Paulus, sondern nur jemand, der Vorlesungen über den Apostel Paulus hält). Aber ich hoffe, der Herr wird mich aus meiner Furcht herausreißen.[1]

Knapp zehn Jahre später erlebt Luther erneut diese Panik in der Stadt. Er schreibt an seinen Freund Georg Spalatin:

Die Pest hat hier zwar angefangen, aber sie ist recht gnädig. Die Furcht und die Flucht der Leute … davor ist jedoch erstaunlich, so dass ich eine solche Ungeheuerlichkeit des Satans vorher noch nicht gesehen habe. So sehr erschreckt (er die Leute), ja er freut sich, die Herzen so verzagt zu machen, natürlich damit er diese einzigartige Universität zerstreue und verderbe, welche er nicht ohne Ursache vor allen anderen hasst.[2]

Der größte Schaden entstand durch die Furcht und Hoffnungslosigkeit der Menschen. Sie flohen aus der Stadt. Luther vertrat einen anderen Standpunkt. Er weigerte sich, zu gehen. Er wollte vielmehr bleiben und den Menschen Hoffnung geben. Er wollte an ihrer Seite sein und für sie sorgen. So verwandelte

1 Martin Luther Werke, Band 10, S. 18ff.
2 Ebd., S. 183ff.

er sein Haus in ein provisorisches Krankenhaus. Denn er war sich sicher:

> *Christus aber ist da, damit wir nicht allein sind. Er wird auch in uns triumphieren über die alte Schlange, den Mörder und Urheber der Sünde, wie sehr er auch immer seine Ferse stechen mag (1. Mose 3,15). Betet für uns und gehabt Euch wohl.*[3]

Das ist Hoffnung in Aktion! Und mit dieser Einstellung war Luther nicht der Einzige. Die Geschichte ist voll mit Christen, die in den schweren Momenten ihrer Zeit mit Vertrauen und Mut ein Zeichen der Hoffnung setzten. Dionysius von Alexandria berichtet, dass während der cyprianischen Pest im dritten Jahrhundert in Rom bis zu 5000 Menschen am Tag starben, es aber gerade die Christen waren, die mit aufopfernder Nächstenliebe an der Seite der Menschen waren und Hoffnung verbreiteten.

In den 1850er Jahren war London mit mehr als zwei Millionen Einwohnern die mächtigste und wohlhabendste Stadt der Welt. Ein Cholera-Ausbruch im Jahr 1854 versetzte die Londoner in Angst und Schrecken. Charles Spurgeon, damals erst 20 Jahre alt, kam in die Hauptstadt, um Pastor der New Park Street Chapel zu werden. Er blickte auf diese Seuche als eine Zeit des Lernens zurück, sowohl für sich selbst als auch für die Stadt. Selten waren die Menschen so offen für Gottes Wirken und das Evangelium. Durch alle Jahrhunderte hindurch haben diese Menschen in Zeiten der Not Mut bewiesen und Hoffnung verbreitet. Das spornt mich an.

Ich glaube, dass wir immer wieder neu herausgefordert sind, in hoffnungslosen Situationen den Weg zu einer lebendigen und aktiven Hoffnung zu zeigen. Mich hat Gott auf jeden Fall herausgefordert. Je weiter ich mich in die Frage vertiefte,

3 Ebd., S. 183 ff.

wie ich Hoffnung verbreiten konnte, umso mehr nahm meine eigene Hoffnung zu. Ich lieh mir einen Lautsprecher und einen Golfcaddy. So ausgerüstet fuhr ich an einem Freitagabend durch unseren Ort. Ich hielt an vielen Straßenecken, spielte über den Lautsprecher Glockengeläut ab und betete mit den Menschen, die an die Türen oder Fenster kamen.

Die Menschen sollten sehen: Es kommt jemand zu uns, auch wenn Distanz angesagt ist. Wenn man nicht zur Kirche gehen kann, kommt die Kirche zu den Menschen. Selbst wenn sich alles andere gerade verändert, Gott ist noch immer der Gleiche. Die Hoffnung kommt in die Straßen.

Hoffnung in Aktion. In unserem kleinen Ort nahe der dänischen Grenze nahm das schnell Gestalt an. Jeden Freitagabend war ich von nun an mehrere Stunden unterwegs und fuhr durch die Straßen. Wir feierten sogar eine mobile Osternacht, bei der die Anwohner Kerzen in ihre Fenster stellten und wir gemeinsam den Weg von Karfreitag zu Ostersonntag feierten. Von der Dunkelheit zum Licht, vom Tod zum Leben, von der Mutlosigkeit zur Hoffnung.

Die Hoffnungslosigkeit in Zeiten des Coronavirus zeigt uns – ungeschönt, schmerzhaft –, dass nichts auf dieser Welt die Sicherheit und Zufriedenheit gibt, nach der wir uns sehnen. Diese globale Pandemie nimmt uns die Bewegungsfreiheit, unsere finanzielle Sicherheit und unsere persönlichen Beziehungen. Sie nimmt uns unseren Alltag und unseren Komfort. Und am Ende nimmt sie vielleicht auch unser Leben.

Ich habe lange darüber gegrübelt, was Gott mit dem Coronavirus zu tun hat. Und ich sage es ehrlich: Ich habe keine abschließende Antwort. Gott tut ständig Tausende Dinge in meinem Leben und ich bekomme vielleicht drei davon mit. Ich habe allerdings gemerkt, wie ich in diesen Wochen durch neu gefundene Kreativität und Begegnungen mit Menschen aus unserem Ort im Glauben gewachsen bin. Mehr als nur einmal bin ich über diesen Vers im Römerbrief gestolpert:

Nicht allein aber das, sondern wir rühmen uns auch der Bedrängnisse, weil wir wissen, dass Bedrängnis Geduld bringt, Geduld aber Bewährung, Bewährung aber Hoffnung. (Römer 5,3-4; LUT)

Das Virus um uns herum ist ansteckend. Ich erlebe es in jeder Zeitung, an jedem Gartenzaun, bei jeder Trauerfeier in diesen Tagen, wenn wir im kleinen Kreis Abschied nehmen müssen.

Ich hoffe und bete allerdings, dass die Hoffnung der Menschen in diesen Tagen noch ansteckender ist. Ich träume davon, dass wir in diesen Tagen das Vertrauen auf Gott neu erleben können. Ich hoffe, dass wir in dieser Zeit von der Bedrängnis mit Geduld zu Bewährung und Hoffnung gehen. In vielen kleinen Momenten habe ich genau das in den letzten Wochen erlebt.

Meine Hoffnung ist es, dass durch diese Zeit möglichst viele Menschen aufgerüttelt werden. Hoffnung wurde für mich als aktive Hoffnung sichtbar. Ich wurde veranlasst, Selbstmitleid und Angst hinter mir zu lassen, um mit Liebe zu reagieren.

Jedes Mal, wenn ich mit dem Hoffnungsmobil meine Runden drehe und wenigstens für einen Moment Hoffnung und Mut auf den Gesichtern der Menschen sehe, weiß ich, dass ich in dieser Zeit am richtigen Ort bin.

Gunnar Engel, Pastor der lutherischen Kirchengemeinde Wanderup, Ehemann von Anni und Vater von Titus, hofft auf eine möglichst lange Grillsaison.

KRISE STATT CONTEST

ELENA SCHULTE

Während ich diese Zeilen schreibe, ist es friedlich um mich herum. Die Sonne ist gerade aufgegangen, ein Vogel singt sein Lied, meine Familie schläft noch und der Tag – Ostermontag 2020 – verheißt schön zu werden. Die Welt – meine Welt – ist in Ordnung. Doch diese Idylle ist zugleich trügerisch. Nur einen Klick entfernt warten Bilder auf mich von Toten in überfüllten Leichenhallen, Statistiken von Corona-Opfern der letzten Wochen, hilfesuchende Blicke aus aller Welt, Politiker, die um richtige Wege, und Mediziner, die um wirksame Gegenmittel kämpfen. Wir befinden uns mitten in einer der außergewöhnlichsten Zeiten und größten Krisen, die diese (zumindest die westliche) Generation je gesehen hat. Corona hat die Welt im Griff.

Ich fühle mich mitten in dieser Zeit mehr als zerrissen, denn sowohl Krise als auch Idylle sind Teil meiner Realität. Und auch die Tatsache, dass ich – oder vielleicht der Mensch grundsätzlich? – permanent in der Versuchung stehe, aus der Krise eine Idylle machen zu wollen. Um das zu erklären, bleibe ich noch einen Moment bei Corona, auch wenn es sich wohl auf nahezu alle Krisen des Lebens übertragen lässt.

Die letzten Wochen waren eine Ausnahmesituation. Ein Virus, das weltumspannend für Chaos sorgt. Geschlossene Kindergärten und Schulen, geschlossene Geschäfte, geschlossene Grenzen, Homeoffice, Homeschooling, Social Distancing, abgesagte Events, Kontaktverbote und Ausgangssperren, sich überschlagende News und ständig ändernde Entwicklungen. Ich selbst, mein Herz, meine Seele, meine Gefühle, kommen mit der Flut der Veränderungen kaum hinterher. Meine Emotionen reichen von panisch bis gelassen, von hoffnungsvoll bis resigniert, ich bin gestresst, motiviert, traurig, mutig, genervt, fröhlich, wütend, ängstlich, entspannt – von allem etwas in ständig wechselnden Anteilen.

Aber ein Motor rotiert pausenlos in mir: Wie können wir aus dieser Zeit das Beste machen? Diese Frage, dieser Anspruch durchzieht sämtliche Bereiche meines Lebens und bewegt mich in verschiedenen Nuancen: Wie können wir diese Zeit als Familie intensiv und bereichernd erleben? Wie können wir als Eltern unseren Kindern einen Glauben vorleben, der gerade jetzt relevant und echt wird? Wie kann ich für andere da sein und ihnen in ihrer Bedürftigkeit und Einsamkeit begegnen? Wie kann ich dazu beitragen, dass diese Welt nach der Krise eine bessere ist? Was kann ich für meinen Charakter lernen und wie kann diese Zeit auch wertvoll für meinen Glauben werden? Was kann ich entwickeln und an den Start bringen, um die Zeit nicht zu vergeuden?

Wie Benzin für diesen Motor wirken Artikel auf (christlichen) Websites, Instagram-Posts, YouTube-Videos, Ratgeberbeiträge, virale Initiativen, gut gemeinte Ideen, die mich auf den verschiedensten Kanälen erreichen. Alle wollen helfen, Chancen zu nutzen, Hoffnung zu geben, Perspektiven zu eröffnen und aus Sch… doch noch irgendwie Gold zu machen.

Und all das trifft einen Nerv bei mir. Diese Krise muss doch zu etwas gut sein! Vielleicht kann ich herausfinden, wozu … und kann im besten Fall die ganze Welt – oder wenigstens meine kleine Welt – darauf hinweisen!

Und so beginne ich, innerlich und äußerlich aktiv zu werden. Ich führe Gespräche mit meinen Kindern, wie sie diese Zeit gerade erleben, und wir beten zusammen für den vor uns liegenden Tag und die Situation der ganzen Welt. Ich beschenke Nachbarn und biete meine Hilfe an. Ich pflege meinen Instagram-Account, reposte gute Beiträge, formuliere selber hoffnungsvolle Sätze und schicke sie in die Weiten des Internets. Ich schreibe Mut machende Postkarten an die unterschiedlichsten Menschen. Ich lese in der Bibel, mache Gebetsspaziergänge, spreche mit Gott über die Welt und seinen Plan mit ihr und mir. To be continued …

Kurzum: Ich versuche mich darin, eine Corona-Heldin oder weiter gefasst eine Krisenheldin zu sein und in allem Chaos ein Stück sinnvolle Idylle herzustellen. Aber diese Rolle steht mir nicht besonders gut, denn in mir hält sich hartnäckig die Zerrissenheit. An so vielen Tagen will ich gar nicht fröhlich aktiv sein. Ich habe doch selber keine Antwort auf das Wieso, das Warum und das Wozu. Ich fühle mich der Lage kein bisschen gewachsen – weder dem Homeschooling, der gähnenden Leere in meinem »Dienst«-Kalender (als Referentin bin ich in dieser Jahreszeit normalerweise an jedem Wochenende im Einsatz), der 24/7-Familienzeit noch dem »Kinder wertvoll durch die Krise begleiten«, dem »Jetzt zeigt sich, was mein Glaube tragen kann« oder dem »Wie kann ich anderen eine gute Weggefährtin sein«. Aber nichts vermeintlich Sinnvolles zu tun, diese Zeit einfach nur auszuhalten, sie nicht in etwas Gutes zu verkehren, kein leuchtendes Vorbild in was auch immer zu sein, erscheint mir die schlechteste aller Optionen. Und so mache ich einfach weiter.

Wohlgemerkt: Alle meine Bestrebungen (und auch die meiner Mitmenschen) sind keine schlechten Dinge. Ganz sicher nicht. Aber mitten in meinem Aktivismus und »Kämpfen für eine bessere Krise« trifft mich ein vorsichtiger Gedanke: Wir können nicht immer aus allem sofort etwas Gutes machen. Manchmal ist es vielleicht dran, die Zwischenzeit auszuhalten. Die Fragen. Das Warten. Die Leere.

Und spätestens hier möchte ich den Blick weglenken von Corona als spezieller Krise und hinlenken auf Krisen im Allgemeinen, im Persönlichen und Alltäglichen. Denn ich glaube, dass wir in all unseren Krisen entweder in einer Schockstarre verharren und die leidende Opferrolle einnehmen oder aber eben daraus als Krisenhelden hervorgehen wollen, die aus den Umständen das Beste gemacht haben. Als seien wir Teilnehmer in einem Heldencasting und als gäbe es am Ende eine Medaille für außergewöhnliches Engagement.

Noch während ich versuche zu verstehen, was ich mit der Krise mache und was die Krise mit mir, werde ich an einen Bibelvers aus dem Brief von Paulus an die Korinther erinnert:

> *Wir allerdings sind für diesen kostbaren Schatz, der uns anvertraut ist, nur wie zerbrechliche Gefäße, denn es soll deutlich werden, dass die alles überragende Kraft, die in unserem Leben wirksam ist, Gottes Kraft ist und nicht aus uns selbst kommt. (2. Korinther 4,7; NGÜ).*

Zerbrechliches Gefäß. Was für eine treffende Umschreibung! Genau das bin ich. So zerbrechlich. Aber so bestrebt, trotz dessen Gehalt zu haben.

Der Schatz, von dem Paulus hier spricht, wird im Vers vorher näher erklärt. Es geht um die gute Nachricht, dass Licht in der Finsternis leuchten wird – in der Finsternis unserer Herzen, in der Finsternis unserer Welt und in der Finsternis jeder Krise. Aber das Licht sind eben nicht wir. Das Licht ist Jesus. Er leuchtet. Er macht es hell. Egal, wie dunkel es war. Das Licht siegt. Aber noch einmal: Das Licht ist Jesus. Die Kraft, auf die es ankommt und die alles zu ändern vermag, ist Gottes Kraft.

Die Rolle des Krisenhelden ist längst vergeben – nämlich an ihn. Mit meinem geschäftigen Tun und krampfhaften Krisenmanagement versuche ich, die Rollen zu vertauschen. Ich lenke den Blick auf mich, das so zerbrechliche Gefäß, und stelle eben dieses als ausgesprochen wertvoll und unersetzlich dar. Stark und schön. Dabei übersehe und überspiele ich, dass es viel weniger um mich und viel mehr um den Inhalt geht – wenn denn der richtige Inhalt überhaupt enthalten ist. Denn ein brauchbares Gefäß ist zunächst einmal ein leeres Gefäß. Ein Gefäß, das Raum für jemanden oder etwas bietet. Das sich nicht mit sich selber füllt. Oder mit Aktivismus, der versucht, sich in einem Vakuum aufzublasen, das Gott aber braucht, um sich selbst mit seiner Stärke und Leuchtkraft hineinlegen zu können.

Dieser Gedanke lässt mich erneut Zerrissenheit spüren. Aber diesmal ist es eine andere Zerrissenheit. Eine heilsame Zerrissenheit. Ich wäre so gerne mehr, muss es aber nicht sein. Ich darf ein Gefäß für etwas Kostbares sein, aber die Brillanz des Ganzen ist nicht abhängig von mir, sondern will sich mir schenken. Gott gesteht mir zu, schwach zu sein. Er weiß längst, dass ich es bin, aber er will mich dennoch als ein Gefäß für sich. Er hatte nie den Anspruch an mich, dass ich stark bin, alle Antworten habe, alles zu erklären vermag – weil er all das ist und kann. Er hat nicht die Verantwortung in meine Hände gelegt, die Krise zu etwas Wertvollem zu machen. Und er braucht mich auch nicht, um die Welt (weder während Corona die große noch während jeder anderen Krise meine kleine) zu retten. Das hat er selbst längst getan und tut es täglich neu. Das ist die Osterbotschaft. Der Tod, das Dunkel, die Krise ist besiegt. Es ist bereits vollbracht!

Der »richtige« Weg durch die Krise lautet also, gar nichts zu tun? Doch Schockstarre? Opfer der Umstände? Einfach nur ausharren, weil meine Zerbrechlichkeit nicht mehr gestattet?

Ich wage ein vorsichtiges Nein, ohne dabei die vorherigen Gedanken wieder in ihr Gegenteil verkehren zu wollen. Aber Paulus, der Urheber des Bildes von Gefäß und Inhalt, war alles andere als untätig. Er hat Missionsreisen gemacht, Briefe geschrieben, Gespräche geführt, Gemeinden gegründet und Menschen gelehrt. Und während er das tat, steckte er nicht selten mitten in einer Krise (oder führten ihn diese Tätigkeiten in die nächste). Wie wird also ein Schuh draus, in dem ich gut durch schwierige Zeiten laufen kann?

Der Vergleich von Gefäß und Inhalt legt eine Reihenfolge nahe: Ein Krug kann nichts ausgießen, wenn er nicht zunächst selbst gefüllt wurde. Ein Krug, der seinen Inhalt nur für sich behält, verfehlt in der Regel aber auch seinen Zweck.

Ich darf die Krise spüren und all das, was sie mit mir macht. Die Krise ist keine Idylle. Ich muss über nichts hinweglächeln oder sie fromm übertünchen. Ich darf sie zulassen, mit Gott über sie sprechen, ringen, fragen, klagen. Ich darf all meine Zerbrechlichkeit wahrnehmen. Ich muss eben nicht gleich wieder aufstehen und das Krönchen richten. Die Zeit am Boden ist eine wertvolle Zeit, weil oft erst hier Ruhe einkehrt. Und weil Gott hier meiner persönlichen Schwachheit begegnen kann. Und durch diese Begegnung nimmt ein Schatz in mir Raum: Die Erkenntnis, dass der Wert der Krise nicht von meiner geistlichen Sportlichkeit, meiner Stärke, meinem Durchhaltevermögen abhängig ist, sondern von Gott, der sich in mich hineinlegen will. Wenn ich ihm meine Leere anbiete.

Und dann beginnt diese Erkenntnis, dieser Schatz, mich zu füllen. Zunächst vielleicht zaghaft und nur in einzelnen Momenten. Kleine Gedanken der Hoffnung, dass da Licht ist. Denn die gute Nachricht vom Licht in der Dunkelheit gilt ja als erstes mir. Jesus hat sie für mich erkämpft. Mitten in meiner Zerbrechlichkeit und Zerrissenheit leuchtet er.

Und dann wird dieser Schatz größer in mir, wenn ich nicht schon gleich wieder aufspringe und meine, die Krise verstanden zu haben. Dann erst kann der Schatz mich wirklich erfüllen. Bis in die letzte Herzensritze. Ich darf Gottes Güte sehen und seine Gnade schmecken, auch wenn gerade nichts Idylle ist. Darf mich von seinem Frieden durchfluten lassen, auch wenn die Krise noch fortdauert. Darf mich ihm anvertrauen, auch ohne alles verstehen und erklären zu können.

Und wenn mich die Schönheit und Kostbarkeit dieses

Schatzes völlig durchspült hat, dann kann ich sie auch in diese Welt hinausfließen lassen. Das geschenkte Licht der Hoffnung aus mir heraus scheinen lassen. Dann stehen Gefäß und Inhalt im richtigen Verhältnis zueinander, denn dann bin ich von einem Schatz erfüllt, der größer ist als ich selbst. Dann erst kann ich überhaupt darauf hinweisen, was mir selbst widerfahren ist und was meine Seele in der Krise gehalten hat. Aber ich bleibe dabei zerbrechlich.

Ich darf Krisen nutzen – aber es muss mir nicht in Vollendung gelingen.

Ich darf nach Antworten suchen und sie auch weitergeben – aber ich brauche sie nicht, um die Krise zu überstehen.

Wenn ich in Corona-Zeiten eins gelernt habe, was ich auch für weitere Krisen nicht vergessen will (und hier stehe ich fast schon wieder in der Gefahr, aus der Krise gleich den Nutzen zu gewinnen), dann das:

Schwere und Leere wollen manchmal einfach ausgehalten werden.

Das Herausfordernde entblößt nicht immer gleich seine gute Seite und lässt sich von uns auch nicht dazu zwingen.

Manchmal sind Fragen nötiger als Antworten.

Manchmal ist Stillhalten nötiger als Losgehen.

Manchmal ist zur Verfügung stehen nötiger, als großartig zu sein.

Ich bin nur Gefäß und von meinem Wesen her zerbrechlich.

Und dennoch ist da ein Schatz.

All das darf ich akzeptieren.

Elena Schulte, Referentin beim Missionswerk »Neues Leben« und freie Autorin, ist glücklich im Familienalltagschaos und hofft, dass es im Himmel einmal Milchkaffee und Schokoeis gibt.

PERSPEKTIVE DER EWIGKEIT

TOBIAS TEICHEN

Beam dich mal zurück zum Silvesterabend 2019! Wow! Ein neues Jahr liegt vor dir! Hast du Vorsätze gefasst? Vielleicht ein paar Kilo abnehmen, damit du so richtig *in shape* bist für den Sommer 2020? Oder beginnst du einen neuen Job? Endlich! Jahrelang hast du dafür gearbeitet: Alles in deine Ausbildung gesteckt, Auslandssemester absolviert und nun den ultimativen Job bekommen, der dich zu dem macht, der du immer sein wolltest, und dir finanzielle Unabhängigkeit bringen soll!

Ja, und dann! Dann kommt etwas dazwischen, nämlich Corona. Dieses unsichtbare Virus mit den Stecknadeln auf der Oberfläche, die dich piksen und beeinflussen, auch wenn du vielleicht gar nicht direkt infiziert bist. Plötzlich ist alles anders, nichts läuft mehr nach Plan. Solche Krisen treffen uns im Leben und durchkreuzen Pläne, greifen sogar Existenzen an. Auch ich und unsere Kirche mussten Predigttouren und große Events absagen. Das waren schmerzhafte Entscheidungen.

Die Corona-Krise betrifft uns wirklich alle – weltweit. Anfang 2019 gab es in meinem Leben eine Krise, die mich ganz persönlich getroffen hat. Der Tod meines Vaters. Damals habe ich erkannt, dass es wichtig ist, mit welcher Perspektive man durch schwere Zeiten geht. Ich habe gelernt, meinen Blick weg von dem, was genau jetzt passiert, auf eine Ewigkeitsperspektive hin auszurichten.

Davon würde ich dir gerne erzählen, denn auch die Corona-Krise wird einmal vorbeigehen und ich würde mich freuen, wenn du sie trotz aller weltlichen Schwierigkeiten positiv für dich nutzen kannst.

Als mein Vater mit 82 Jahren auf einer Intensivstation starb, ist mir mal wieder deutlich geworden: Wir denken nicht gern über den Tod nach. Seltsam eigentlich, denn er ist das Einzige im Leben, auf dessen Eintreffen wir uns wirklich hundertprozentig verlassen können. Niemand ist zuverlässiger als er. Aber ihn oder was danach kommt beziehen wir in unsere Planungen nicht ein.

Damals bereitete ich gerade eine Predigt zum Thema Ewigkeit vor. Zufall? Für mich nicht. Im ICF planen wir unsere Serien oft bereits ein Jahr im Voraus. Zu dem Zeitpunkt war der Tod meines Vaters also nicht absehbar. Ich sehe es als ein Geschenk Gottes, der wusste, in welchen traurigen Lebensumständen ich mich befinden würde.

Eine wichtige Metapher dieser Predigt ist ein Seil, wie es in Sporthallen oft von der Decke hängt. Unten ist es etwa zwei Handbreit mit einem Lederband umwickelt. Dieses Seil symbolisiert für mich den Zeitstrahl meines Daseins. Wobei der Bereich von 20 Zentimetern am Ende für mein irdisches Leben vor dem Tod steht und der Rest des Seils für die Ewigkeit. Aber einen gravierenden Unterschied gibt es zum Turnhallenseil. Mein Metapher-Seil ist unendlich lang und endet nicht an der Hallendecke.

Je mehr ich mich mit dem Thema Ewigkeit auseinandersetzte, desto deutlicher wurde mir: Wir fokussieren uns fast völlig auf das Hier und Jetzt. Treffen Entscheidungen, die nur dazu dienen, ein möglichst gutes Leben im Bereich der 20 Anfangszentimeter zu haben. Doch die Entscheidungen, die wir heute treffen, werden auch Auswirkungen auf den unendlich langen Teil des Seils, die Ewigkeit, haben (vgl. Matthäus 6,19-33).

Aber was für ein diesseitiges Leben macht aus Sicht der

Ewigkeit Sinn? Was denke ich über mein Leben, wenn ich aus Sicht der Ewigkeit zurückblicke? Antworten auf diese Fragen finde ich in der Bibel. Dafür muss ich aber verstehen, wie ich dieses Buch nutzen kann, denn die Bibel ist kein Roman, den man durchliest und dann weglegt. Die Bibel hat einen ganz anderen Anspruch an sich. Sie bezeichnet sich selbst als Spiegel (vgl. Jakobus 1,23).

Hast du dir jetzt zu Zeiten von Corona mal die Haare vor einem Spiegel geschnitten? Das ist schwierig, denn alles ist spiegelverkehrt. Bedeutet für mich: Auch die Bibel ist spiegelverkehrt. Es werden andere Dinge hervorgehoben und betont, als ich vielleicht zuerst beim Lesen denke.

Die Bibel betrachtet dein irdisches Leben nämlich aus der Sicht der Ewigkeit. Du kannst die biblischen Prinzipien, die Gesetze und Gebote und Tipps, die Gott dir durch die Bibel gibt, bereits im Hier und Jetzt anwenden, denn sie helfen dir nicht nur in deiner jetzigen Lebensrealität, sondern haben auch eine Auswirkung für dein Dasein in der Ewigkeit, wie Jesus im Matthäus-Evangelium erklärt.

Aber wir Menschen neigen gern zur Rebellion, gerade wenn wir Gesetze nicht verstehen. Vergeben? OK! Aber nicht dem Heinz Rüdiger, der hat das nicht verdient. Egal, ob in der Bibel steht:

> *Wenn ihr euch aber weigert, anderen zu vergeben, wird euer Vater euch auch nicht vergeben. (Matthäus 6,15)*

Da denken wir: Übersetzungsfehler! Für den Heinz Rüdiger gilt das nicht, dem muss ich nicht vergeben! Doch das ist Gottes Wort und er ist Liebe und meint es gut mit dir. Es geht nicht darum, ob der Heinz Rüdiger es verdient hat, dass wir ihm vergeben, sondern, dass wir mit unserer Unvergebenheit einen Rucksack mit uns herumtragen, der uns runterzieht und bitter macht. Ich vergleiche das gern mit den Naturgesetzen.

Wenn ich sage: Für mich ist die Erdanziehung Quatsch, ist das meine Wahl. Springe ich dann vom Hochhaus, werde ich unten als Brei aufkommen. Dann darf ich mich aber nicht bei dem Naturgesetz beschweren. Ähnlich ist das mit dem Vergeben: Lege ich den Rucksack der Unvergebenheit ab, dann wird auch mir vergeben, ich fühle mich leicht und frei (vgl. Matthäus 6,14) – völlig unabhängig davon, was Heinz Rüdiger aus meiner subjektiven Perspektive heraus verdient hat. So gesehen macht es dann vielleicht doch Sinn, das Gesetz Gottes anzuwenden.

Worauf will ich also meinen Fokus setzen? Auf das, was mir auf den ersten Blick guttut? Oder auf das, wovon Gott glaubt, dass es gut für mich ist (zum Beispiel dem Heinz Rüdiger zu vergeben)? Gerade in Notsituationen wie dieser Corona-Krise treten ungesunde Verhaltensweisen in deinem Leben gerne in den Vordergrund.

Hältst du vielleicht das Social Distancing nicht aus, weil sich niemand bei dir meldet, könnte das ein Indiz dafür sein, dass du früher nur oberflächliche Beziehungen gelebt hast? Was es auch bei dir ist, eine Krise verstärkt meist die Dinge, die vor der Krise schon problematisch waren und zeigt, auf welchem Fundament du dein Lebenshaus baust. Danach fragt uns auch Jesus in der Bibel (vgl. Matthäus 7,24ff.). Er hat einen Plan für uns, wie wir unser Haus auf festen Grund bauen können, sodass es auch die Stürme in Krisenzeiten aushält. Lass uns mal zwei klassische Untergründe anschauen, auf denen wir gerne unser Leben bauen, und sehen, wie diese Dinge aus Sicht der Ewigkeitsperspektive Sinn machen.

Da ist zum einen unsere Zeit. Was werden wir Gott sagen, wenn er uns einmal fragt, was wir mit der von ihm geschenkten Lebenszeit gemacht haben? Antworten wir: »Ich habe Millionen Stunden meines Lebens Serien gestreamt«? Ich weiß nicht, ob er das gut finden wird. Mal einen Film schauen ist ja nicht verwerflich, aber blickst du in den biblischen Spiegel, zeigt er dir, wie wertvoll es ist, seine Zeit in Dinge zu investieren, die einen Ewigkeitswert haben.

Zur Beerdigung meines Vaters erreichte uns ein Brief eines Mannes. Er hatte als Jugendlicher durch meinen Vater Jesus kennengelernt und schrieb uns, dass er ihm dafür immer noch unendlich dankbar sei, denn nur weil mein Vater in sein Leben investiert habe, werde auch er einmal zu Gott gehen. Das hat mich sehr berührt und das wünsche ich mir auch! Jeder Mensch, in den ich Zeit investiere und dem ich Gottes Liebe näherbringe, macht aus Sicht der Ewigkeit einen Unterschied. Gerade jetzt in diesen Zeiten frage ich Gott oft, wen ich anrufen soll. Wer braucht meine Zuwendung?

Ein anderer Punkt ist unsere Identität. Auf den 20 Zentimetern unseres Seilzeitstrahls, der irdischen Lebenszeit, sind für viele von uns Aussehen und Status sehr wichtig. Joggen, Diäten, mein Haus, meine Karriere, mein Auto, mein Boot! Diese Äußerlichkeiten sind aber in der Ewigkeit, ähnlich wie Geld oder Ansehen, bedeutungslos.

Auch hier zeigt der Blick in den Bibelspiegel wieder das Gegenteil: Gott geht es nicht um dein Äußeres, er liebt dich so, wie du bist. Als mein Vater beerdigt wurde, haben wir ihm zwar seinen Lieblingsanzug angezogen, damit der Leichnam gut aussah, aber den Körper und den Anzug nahm er nicht mit zu Gott. Alles, was wir nicht mitnehmen können, wird uns nachhaltig auch im Hier und Jetzt nicht erfüllen. Erfüllung finden wir, wenn wir Gottes Nähe suchen und uns von ihm Identität zusprechen lassen als seine geliebten Kinder. Du findest über 7000 gute Zusagen (etwa Johannes 10,10b, Jeremia 31,3 oder Josua 1,5b), die Gott dir durch die Bibel zuspricht. Vielleicht ist ja gerade jetzt die Zeit, wieder zu seinem Wort zu greifen und deine Identität als Kind Gottes zu stärken.

Der Blick in den biblischen Spiegel hilft uns also, ein festes Fundament für unser – auch ewiges – Lebenshaus zu bauen. Mein Vater hat ein christliches Leben geführt und sich an viele

Gesetze gehalten. Aber er war nicht unfehlbar. Wie wir alle nicht. In den letzten Momenten seines Lebens streichelte er meine Wange und bat mich: »Tobias, bitte erzähle den Menschen zwei Dinge, die ich erst jetzt auf dem Totenbett erkannt habe: Ich habe dich in der letzten Zeit mehr berührt als mein ganzes Leben lang.« Das war mir auch aufgefallen. Und er fuhr fort: »Bitte erkläre den Vätern, sie sollen ihre Kinder öfter in den Arm nehmen und ihnen ihre Liebe zeigen. Ich habe das nie für besonders wichtig gehalten. Das bereue ich jetzt.«

Eine weitere Bitte von ihm war: »Außerdem sage den Menschen, dass sie anderen schnell vergeben sollen. Ich habe oft zu lange gewartet.« Die Ehe meiner Eltern war geprägt von Unfrieden. Am Sterbebett verlangte mein Vater nach meiner Mutter. Sie kam und er bat sie unter Tränen um Vergebung für viele traurige Erlebnisse. Sie nahm an und verzieh auch ihm. Das war ein tiefer Moment und ich bin dankbar, dass sie sich am Ende noch versöhnt haben. Aber das Dramatische an der Situation war, dass mein Vater sagte: »Hätten wir das mal vor 40 Jahren gemacht! Was hätte das für eine Auswirkung auf unsere Ehe gehabt.«

Im Angesicht des Todes ist meinem Vater deutlich geworden, was der Bibelspiegel als Sinn des Lebens bezeichnet. Nämlich die Beziehungen zu seinen Mitmenschen zu pflegen, andere, Gott und sich selbst zu lieben (vgl. Matthäus 22,39).

Daran war er, wie viele von uns, oft gescheitert. Aber Gott gibt uns eine gute Nachricht, das Evangelium, mit dessen Hilfe wir jederzeit unser Leben aufräumen können. Ich möchte es dir kurz anhand dieser vier Symbole von THE FOUR erklären:

Der Sinn des Lebens ist es, Gott zu lieben, deinen Nächsten und dich selbst.

Wir verfehlen dieses Ziel, wenn wir ohne Liebe handeln, wie mein Vater, der meiner Mutter nicht vergeben konnte. Das nennt die Bibel Sünde. Sünde führt zu einem Bruch, verletzt und zerstört unsere Beziehungen zu Gott, zu Menschen und uns selbst. Sie trennt uns von einem erfüllten Leben, das Gott für uns bereithält.

Jesus stirbt am Kreuz zur Vergebung unserer Sünden. Wir können ihm dort (im Gebet) unsere Verfehlungen abgeben und gegen gute Verheißungen eintauschen. Mein Vater hat das gemacht. Er hat Gott für seine Verfehlungen um Vergebung gebeten und diese erhalten, dabei ist er selber einen Schritt gegangen, indem er seine Frau um Vergebung gebeten hat.

Gott hat alles getan, um uns zu zeigen, wie sehr er uns liebt. Durch Jesus Christus bietet er uns erfülltes und ewiges Leben an. Die Frage ist, ob wir dieses hoffnungsvolle Angebot annehmen wollen.

Diese Corona-Krise kann deine Chance für die Ewigkeit sein. Als mein Vater mit 82 Jahren auf der Intensivstation lag, hat er zuerst den Tod verdrängt, obwohl eine lange Phase der Krankheit vorausgegangen war. Doch schlussendlich hat er die Chance genutzt und erkannt, was der Sinn des Lebens ist. Er hat in den Spiegel der Bibel geblickt, das Evangelium angenommen, hat die verbliebene Lebenszeit in seine Lieben investiert und ist versöhnt zu Gott in die Ewigkeit gegangen.

Ich weiß nicht, wann mein Leben endet. Ob ich morgen überfahren werde und es mit einem Schlag vorbei ist. Oder ob ich eine Phase des Leidens durchlaufen werde, die mir Zeit gibt, aufzuräumen. Corona wirft im Augenblick unser Leben durcheinander. Manch einer von uns geht durch Leid, ein anderer weiß vielleicht nicht, wohin mit seiner Zeit, und betäubt sich mit Ablenkungsmanövern. Ich kann dich nur ermutigen, die Perspektive zu wechseln, weit nach vorn zu schauen und Corona nicht nur als Krise zu sehen, sondern als Chance. Eine Chance, jetzt die Zeit zu nutzen, um dein Herz (wieder) an der Bibel auszurichten, dich in andere Menschen zu investieren und vielleicht *last but not least* auch Personen wie Heinz Rüdiger zu vergeben. Ich hoffe, dass diese Corona-Pandemie in deinem Leben einen Sinn hat – aus der Sicht der Ewigkeit!

Tobias Teichen ist Lead Pastor vom »ICF München« und Leiter des »ICF Deutschland Movement«. Er ist Geschenkekauflegastheniker, was heißt, dass er beim Präsente-Shopping selten ins Schwarze trifft, und hofft darauf, dass Klopapier irgendwann mal als Zahlungsmittel eingeführt wird.

JETZT ERST RECHT

MIHAMM KIM-RAUCHHOLZ

Hätte man mich vor ein paar Monaten gefragt, ob ich einen Buchbeitrag zum Thema Hoffnung schreiben könnte, hätte ich wahrscheinlich nach kurzem Überlegen abgelehnt.

Auch wenn die Hoffnung unbestreitbar ein unverzichtbares Gut ist, so hatte sie für mich doch auch immer etwas Zweischneidiges, eine Ambivalenz, die mir einen unbeschwerten Zugang dazu nicht ermöglichte. Vielleicht lag es daran, dass ich schon seit meiner frühesten Kindheit mit dem Begriff Hoffnung weniger Stärkung als vielmehr ihre hässliche Kehrseite, nämlich Enttäuschung und Resignation, verbunden habe.

Mit jedem neuen Jahr, mit jedem weiteren Geburtstag, jedes Weihnachten und Neujahr habe ich von ganzem Herzen gehofft, dass die schwierige und bedrückende Ehe meiner Eltern sich vielleicht nun doch zum Guten wendet. Dass mein Vater geheilt wird von seiner langen chronischen Krankheit, die immer wieder solche zerstörerischen Spuren in seiner Ehe und in unserer Familie hinterlassen hat. Dass endlich Frieden und Liebe einkehren bei meinen Eltern, die beide so gelitten haben, und damit auch bei uns als Familie.

Nun ja, nächstes Jahr werde ich 50. Und immer noch ist eine kleine Hoffnung in mir, dass meine nun über 80-jährigen Eltern in den letzten Jahren auf dieser Welt eine Zeit des Friedens und nicht des Leidens erleben. Gleichzeitig jedoch ist es ernüchternd zu sehen, wie viele unserer Hoffnungen, gerade die existenziellen, im Angesicht der manchmal brutalen Realität so unglaublich fragil und schwach erscheinen. So ohne jegliche Kraft oder greifbare Substanz.

Meine Erfahrung mit Hoffnung scheint demnach sehr anders zu sein als die des Apostel Paulus, der im Römerbrief so zuversichtlich schreibt, dass Hoffnung nicht zuschanden werden lasse. Das ist eine ziemlich steile Aussage, die er hier macht. In manchen Situationen möchte ich dem einfach deutlich entgegensetzen: Oh doch, Hoffnung lässt zuschanden werden! Und wie sie zuschanden werden lässt! Man kann an einen Punkt kommen, an dem man sich fragt, ob es vielleicht nicht doch besser wäre, einfach nicht mehr zu hoffen, um dann auch nicht mehr enttäuscht zu werden. Keine großen Hoffnungen, keine großen Enttäuschungen. Scheint wie ein einfacher Entwurf für das Leben in unserer tief verwundeten Welt.

Interessanterweise hat die Bibel jedoch eine ganz andere Sicht von dem, was Hoffnung ist. In der Bibel ist Hoffnung kein fragiles, leichtes Kartenhaus, das bei dem ersten Windstoß einer Lebenskrise umstürzt und in sich zusammenfällt. Sondern sie besitzt eine bleibende Qualität. Neben Glaube und Liebe gehört die Hoffnung zu den drei Dingen, die für immer bleiben (1.Korinther 13). Sie beweist Stehvermögen, und zwar nicht nur in windstillen Zeiten, sondern vor allem in den Stürmen und Krisenzeiten unseres Lebens.

Dass dies nicht nur schöne und fromme Worte sind, sondern eine Realität im Leben, habe ich bei einer Begegnung 1997 erahnen können und sehr viele Jahre später im Februar 2020 dann selber auch erfahren dürfen. Da diese zwei Geschichten zusammenhängen, möchte ich beide hier kurz erzählen.

Mein Mann Manuel und ich haben uns während unseres Theologiestudiums in Deutschland kennengelernt und gleich nachdem wir uns befreundet hatten, stellte mich Manuel seinen Pateneltern Angelika und Peter Heuser vor. Das Treffen ist nun schon über 20 Jahre her und ich habe viele Details vergessen, aber drei Wörter aus diesem Gespräch haben sich in mein Hirn und Herz eingeprägt und mir eine Ahnung dessen gegeben, was die Qualität und Kraft der biblischen Hoffnung ist. Ich hatte von Manuel mitbekommen, dass seine Pateneltern keine eigenen, biologischen Kinder hatten, und im Laufe des Gesprächs erzählte mir Onkel Peter ihre Geschichte. Er erzählte sehr ruhig davon, wie bei der ersten Schwangerschaft ihr Kind im dritten Monat gestorben sei, weil die Plazenta aus irgendwelchen Gründen das Kind im Bauch nicht ernähren konnte. Und wie Tante Angelika zum zweiten Mal schwanger wurde und diesmal das Kind wie durch ein Wunder bis zum siebten Monat durchhielt. Wie Hoffnung aufgekeimt ist und die ganze Kirchengemeinde und Freunde inbrünstig zu Gott gebetet haben, dass das Kind trotz aller Prognosen diesmal überleben möge. Dies war am Anfang der 70er-Jahre und die medizinischen Möglichkeiten lagen weit hinter dem, was wir von heute kennen. Trotzdem war die Hoffnung da. Sie war groß und sie war existenziell. Im siebten Monat musste Angelika dann schließlich ins Krankenhaus und die Ärzte kämpften mit allen ihnen zur Verfügung stehenden Mitteln um das Leben des Kindes. Und zu Hause wartete Peter auf den Anruf vom Krankenhaus, das ihm mitteilen sollte, ob ihr Kind überlebt hatte oder nicht. Der Anruf kam und der Arzt sagte zu ihm am Telefon: »Herr Heuser, es tut uns sehr leid, aber ihr Kind ist gestorben.«

An diesem Punkt der Geschichte angelangt war ich wie gelähmt. Ich wusste nicht, wohin ich meine Blicke wenden, welche Worte ich aussprechen sollte. Wortlos saß ich da und versuchte mühsam zu verdauen, was ich gerade gehört hatte. Und dann beendete Peter seine Geschichte mit den folgenden Worten: »Ich habe den Telefonhörer aufgelegt, Mihamm, bin auf die Knie gegangen und habe gesagt: Jetzt erst recht! Jetzt erst recht halte ich an Gott fest. Jetzt erst recht gehe ich weiter mit Gott.«

War ich vor einigen Sekunden noch sprachlos gewesen angesichts des bodenlosen Schmerzes und der Enttäuschung, so stand ich nun sprachlos vor diesen drei Worten von Peter, die schlichtweg den Horizont meines Denkens und Glaubens sprengten. Unbegreiflich war mir seine Reaktion, unbegreiflich diese innere Kraft angesichts dieser zerplatzten Hoffnung und Enttäuschung, unbegreiflich seine Entscheidung: Jetzt erst recht!

Peter war hauptberuflich Landwirt und ich war Theologin. Doch ich habe damals in der Begegnung mit ihm und Angelika wahrscheinlich die größte und wichtigste Lektion meiner theologischen und geistlichen Laufbahn gelernt, nämlich dass es im Leben und im Glauben ein »Jetzt erst recht« gibt. Dass die Kraft der Hoffnung sich nicht einfach nur im Horizont von erfüllten oder unerfüllten Wünschen erschöpft oder sich abhängig vom jeweiligen Ausgang weiter entfaltet oder kümmerlich eingeht. Sondern, dass es eine Hoffnung gibt, die bleibt. In und trotz tiefer Wunden und Enttäuschungen, die auch an der eigenen Existenz rütteln.

Diese Erkenntnis habe ich in den darauffolgenden 20 Jahren meiner Lehrtätigkeit immer wieder und wieder an meine Studierenden weitergegeben. Gleichzeitig war mir jedoch in all diesen Jahren auch stets aufs Deutlichste bewusst, dass diese Erkenntnis nicht meine eigene Erfahrung war und dass dieser Horizont eines »Jetzt erst recht« in meinem Glauben und Leben weniger eine Realität, sondern eher eine tiefe Sehnsucht nach einer Hoffnung darstellte, die mich gerade in den verletzlichsten Momenten meines Lebens nicht zuschanden werden lässt.

Als ich im Februar dieses Jahres wegen der abnehmenden Gesundheit meiner Mutter und den damit zusammenhängenden Maßnahmen nach Korea zu meinen alten Eltern fliegen musste, befand ich mich wieder in solch einem verletzlichen Moment meines Lebens. Die wohlbekannte und zähe Hoffnung regte sich wieder und ich fragte mich – hoffnungsvoll, ängstlich und resigniert zugleich –, ob es wirklich ein gutes Ende geben würde für die Ehe meiner Eltern. Ob der Tag vielleicht nun doch kommen würde, wo ich meine geliebten und verwundeten Eltern mit einem tiefem Frieden, Dankbarkeit und Liebe im Herzen gemeinsam ihre letzte Wegstrecke gehen sehen würde. Ein Abend während dieses Korea-Besuchs bleibt mir unvergesslich in Erinnerung: Meine Schwester, ich und meine Eltern zusammen im Schlafzimmer meiner Eltern. Meine Mutter am Keyboard, gemeinsam mit meinem Vater alte Kirchenhymnen aus ihrer Kindheit singend. Ihre Stimmen längst nicht mehr so klar und kraftvoll wie früher und ihre alten Hände treffen nicht immer die richtigen Tasten. Aber voller Frieden, Dankbarkeit und in Liebe singen und erzählen sie uns ganz heiter und voller Humor, wie sie sich beide vor über 50 Jahren kennengelernt und verliebt haben. Wie anders ihre Kindheit und Jugend verlaufen ist in der Kriegszeit. Und meine Mutter zeigt dann noch mit ihren 80 Jahren, wie gut sie damals schon den Twist tanzen konnte. Wir müssen alle herzhaft lachen und ich denke an meine Hoffnung: Dies muss ein Moment aus der Ewigkeit sein.

Am nächsten Tag holt uns die Realität wieder ein. Eine Realität, die ich nur zu gut kenne aus den vergangenen 50 Jahren. Niederdrückende Erinnerungen aus bösen Zeiten tauchen auf, berechtigte und unberechtigte Schuldzuweisungen, die dann alsbald in Wut und Hass umschlagen und allen die Luft zum Atmen nehmen. Mein Vater stürmt wutentbrannt aus dem Auto ins Haus und meine Mutter stapft hinterher. Ich bleibe wie gelähmt im Auto sitzen und spüre die volle Last einer Hoffnung, die sich auch diesmal wieder nicht erfüllt hat und wieder einmal in Enttäuschung und Resignation als Endstation gemündet hat.

Und mitten in diese persönliche Endstation hinein, gefühlt völlig aus dem Nichts, bilden sich in meinem Kopf und Herz zum ersten Mal in meinem Leben diese drei Worte von Onkel Peter: Jetzt erst recht. Ich sage mir: Vielleicht ist dies der Moment, Mihamm, wo dein bisheriger Horizont gesprengt werden muss. Und ich erfahre innerlich eine Kehrtwende und gehe in eine völlig andere Richtung als all die Jahre bisher: Nicht Enttäuschung, Resignation oder Angst, sondern ein »Jetzt erst recht«. Jetzt erst recht halte ich an Gott und seiner Güte fest. Jetzt erst recht hoffe ich voll und ganz auf die barmherzige Wegführung Gottes im Leben meiner Eltern … jetzt erst recht.

Ich sitze immer noch im Auto, aber nicht mehr wie gelähmt vor Angst, sondern ich erfahre die Kraft einer Hoffnung, die bleibt – auch in Krisenzeiten. Eine Hoffnung, die in den Widrigkeiten des Lebens nicht schwächer wird und sich kleinlaut zurückzieht und verkümmert, sondern die sich gerade in Krisenzeiten zu ihrer ganzen Stärke entfaltet. Ich merke mit Verwunderung, wie meine tief verinnerlichte Angst vor Enttäuschungen langsam weicht und ich gestärkt und gefasst in das Haus zu meinen Eltern gehen kann. Wo ich wiederum ein kleines persönliches Wunder erleben darf: Meine Eltern haben sich in der kurzen Zeit gefasst und es ist kein privater dritter Weltkrieg ausgebrochen. Das größere Wunder ist jedoch, dass meine Hoffnung nicht wie früher an diesem fragilen Wunder hängengeblieben und aufgeflackert ist, nur um beim nächsten Rückschlag sofort wieder zu erlöschen, sondern darüber hinaus verankert worden ist in der Realität Gottes und von dort aus ihre Begründung, ihre Kraft und ihr Stehvermögen bekommen hat.

Und eines stelle ich zum Schluss mit inneren Staunen fest: Dass der Sinn und die Kraft der Hoffnung nicht so sehr in ihrer konkreten Erfüllung liegen, wie immer von mir gedacht. Sondern, dass Hoffnung die faszinierende Eigenschaft hat, uns in unserem Jetzt, in den Krisen der Gegenwart widerstandsfähig zu machen. Hoffnung nimmt die Angst aufs Korn, die uns lähmt, und lässt Zuversicht wachsen im Blick auf die Herausforderungen, die noch kommen werden. Weil Hoffnung eben nicht abhängig ist von den Umständen unseres Lebens, sondern allein von Gott selbst. Deshalb können wir Hoffnung schöpfen – erst recht in Corona-Zeiten.

Mihamm Kim-Rauchholz, Professorin für Neues Testament und Griechisch an der Internationalen Hochschule Liebenzell, gebürtige Südkoreanerin mit viel Freude am Deutschen, hofft auf eine supercoole Geburtstagsparty zum 50. Geburtstag im Europapark mit ihren Freunden.

WARTEN AUF GODOT

SAMUEL KOCH

Kopfüber mit Blick in den dunklen Himmel hängt mein Oberkörper knapp über dem Boden aus der Beifahrerseite des noch qualmenden Autos. Dreck und Blut vermischen sich in meinen herunterhängenden Haaren. Mein gebogener Rumpf verzerrt die kläglichen Hilferufe. Die Beine allerdings stecken im Auto fest.

Mein langjähriger, sonst so zuverlässiger Begleiter, der die Karre nicht nur durch den Dreck, sondern auch gegen die Wand gesetzt hat, scheint verstummt und noch weniger »Glück« gehabt zu haben.

Zwei Männer, die mittlerweile aus ihrem Auto ausgestiegen sind, diskutieren ausführlich darüber, wie oder ob sie uns helfen möchten. Nach einer gefühlten Ewigkeit beschließen sie, an ihre gute Tat Bedingungen zu knüpfen, sich aber vorher noch mit unseren ausgelieferten Körpern einen Prügelspaß zu erlauben.

Plötzlich erschallt sanfte Musik vom Himmel herab. Ich blicke empor und statt des Himmels sehe ich eine glühende Erde auf uns zu schweben. Mit vorsichtig gespitzten Fingern schnappt einer der Männer die Erdkugel aus der Luft, die offensichtlich viel zu heiß geworden ist. Mit seinem Auto fährt er auch sie an die Wand. Schließlich stellt der Mann die mehr als berechtigte Frage: »Was machen wir hier eigentlich?«

Die Antwort seines Freundes wird von Hunderten von ebenfalls untätig gaffenden Zuschauern mit lautem Gelächter quittiert: »Warten auf Godot!«

So in etwa hätte es sich heute Abend zugetragen ... Und genau für solche Momente mache ich normalerweise gerne Theater.

Momente, in denen die Zuschauer schockiert ihre Augen aufreißen. Momente, in denen sich durch Gelächter Mäuler öffnen, um anschließend mit einer beschämenden Handbewegung der Erkenntnis wieder geschlossen zu werden.

Aber heute Abend ist leider keine Vorstellung.

Bis vor Kurzem waren wir Menschen im Durchschnitt eher sinnlos als sinnvoll. Zumindest für unsere Erde und leider auch für viele Mitmenschen. Und gerade hier in unserem Hochkultur-Deutschland mit immens hoher Leid-Klage-Differenz sollten wir, ob im Theater oder anderen Medien, nicht nur um des Effekts willen schockieren. Große Augen, erstaunte Blicke und ehrliches Lachen sollten als Kopföffner fungieren, um Einfluss auf die Gedankenwelt zu nehmen. Als erster Funke, der Veränderung erwirkt. Weniger wirken – mehr bewirken. Denn wir können etwas bewirken in der Welt. Und das sollten wir auch.

Und um etwas zu bewirken im Leben, müssen sich Charaktere verändern. Das tun sie durch unser Ver-Halten, das bestimmt ist durch unsere Haltung, welche geprägt wird von Worten, die beeinflusst werden von unseren Gedanken. Und die Denkräume zu diesen möchten wir/ möchte ich im Theater öffnen oder wenn es sein muss auch schließen.

Nur leider ist das Theater geschlossen. Ebenso wie Bars und Restaurants, Friseure, Einzelhändler, Kinos, Sporthallen und viele mehr – die Stadt wirkt leer gefegt. Und nicht nur das – die ganze Welt befindet sich im Pandemie-Ausnahmezustand.

Die Erde erfährt eine Art Auszeit von uns Menschen.

Wir unterbrechen unfreiwillig unser Kursprogramm, die Welt an die Wand zu fahren. Was wir in der oben skizzierten Szene versucht haben darzustellen, erst verhandeln, dann helfen, gaffen und nichts tun, genauso wie die zu stark erwärmte Erde, an der wir uns verbrennen, sind mögliche Lesarten des Stückes. Aber unabhängig von unserer Inszenierung am Nationaltheater Mannheim gibt es viele Interpretationsmöglichkeiten des Literaturklassikers von Samuel Beckett.

So könnte er uns im Moment als Projektionsfläche für unsere Suche nach Lebensformen oder gar für apokalyptische Pandemieszenarien dienen. Denn in dem Stück warten und hoffen die beiden Protagonisten auf Godot – der nicht erscheint. Ob mit Godot die Erlösung, der Tod oder Gott gemeint ist, bleibt ungewiss. Während des elendigen Wartens, der Ungewissheit und des hilflosen Überspielens des Verfalls bleibt den beiden Wartenden allein die Hoffnung, die zeitweise in Hoffnungslosigkeit umschlägt.

Gerade diese Hoffnungslosigkeit möchte ich in einem Buch, das sich mit Hoffnung beschäftigt, nicht aussparen. Um mit dem Kontrast vielleicht sogar den Blick für die Hoffnung zu schärfen. Denn ich weiß, dass es nicht nur in einem absurden Theaterstück, sondern auch im wirklichen Leben manchmal einfach keine Hoffnung mehr gibt.

In meinem Leben wurde mir zumindest aus medizinischer und wissenschaftlicher Sicht keinerlei Hoffnung in Aussicht gestellt, jemals wieder laufen zu können.

Keine Hoffnung auf ein selbstständiges Leben.

Keine Hoffnung, meine Sehnsüchte und Träume zu verwirklichen.

Alles aufgrund eines kleinen Fehlers, der zu einem Unfall vor knapp 10 Jahren in der Fernsehsendung »Wetten dass …« führte.

Im vergangen Jahr habe ich gleich mehrere jugendliche Erwachsene in der Klinik besucht, die mit Trampolinen oder Straßenbahnen kollidiert sind und die bis dato keine Hoffnung hatten, jemals wieder selbstständig zu atmen.

Nach einem Vortrag, noch vor der Corona-Krise, kommt

eine äußerst sympathische, liebevolle Frau auf mich zu mit einem Säugling im Arm. Sie erzählt: »Ich bin nur die Oma, die Mama von dem kleinen Knirps kann leider nicht kommen, weil sie bald sterben wird.« Ihre Augen füllen sich mit Tränen. »Seine Mama ist meine Tochter«. In diesem Moment schnürt sich bei mir alles zusammen. Die Frau beginnt zu weinen. Ich weine mit ihr und bin sprachlos; alles was ich in Bildungsministerien und Resilienz-Zentren über psychische Widerstandsfähigkeit und Krisenbewältigung gelernt habe, scheint wie so oft wirkungslos. Resilienzsäulen, wie die Opferrolle verlassen, oder optimistische Sichtweise an den Tag legen usw., wären vermutlich das Letzte, was diese Frau jetzt von mir hören möchte. Einfach dasein und zuhören, nicht etwa, um eine Antwort zu geben oder gar einen effektiven Hoffnungsweg aufzuzeigen, sondern zuhören, mitfühlen oder versuchen zu verstehen. Selbst beim Schreiben dieser Zeilen spüre ich noch den Schmerz dieser Begegnung, der wohl nur einen Bruchteil des Schmerzes darstellt, den die Mutter verspürt haben muss, die ihr eigenes Kind mit dessen Kind im Arm zu Grabe getragen hat.

Wenn man gerade einen brutalen Schicksalsschlag erlitten hat oder im tiefsten Tal der Depression oder des Liebeskummers oder sonstiger (Selbstfindungs-)Krisen steckt, müsste man schon eine abgezockte Maschine sein, um kurzerhand zu analysieren: »Aha, mir geht's nicht gut. Ich stelle fest: Das ist negativ und stimmt mich pessimistisch. Also denke ich jetzt positiv und bin wieder optimistisch.« Die Grenze zwischen positiver Selbstbeeinflussung und löchrigem Selbstbeschiss ist ziemlich fließend. Vor allem, wenn es eben nicht um ein kleineres Problemchen, sondern um einen richtigen Tiefschlag geht, dem man Widerstand leisten soll.

In vielen Begegnungen wird mir immer wieder schmerzlich deutlich, dass es manchmal einfach keine Hoffnung gibt. Auch wenn ich nach Veranstaltungen wie der erwähnten auf charmante Art und Weise oft zu hören bekomme: »Du machst mir Hoffnung«, so befürchte ich, dass man Hoffnung nicht einfach machen, sprich produzieren kann. Und erst recht nicht stellvertretend für jemand anderen.

Man kann sich vielleicht von den anderen wunderbaren Autoren in diesem Buch neu inspirieren (lat. entfachen) lassen und von deren hoffnungsvollen Ansichten und Bewältigungsstrategien etwas für seinen eigenen sehr subjektiven Weg mitnehmen. Aber konkret »hoffen auf etwas« muss man für sich selbst. Dass jeder Mensch ein absolutes Novum, einzigartig und ein geliebtes Kind ist, brauche ich hoffentlich nicht zu erklären?!

Im Sprachgebrauch verwendet man das Verb hoffen meist im Zusammenhang mit »auf« – also einer Richtung. Man hofft nicht einfach so vor sich hin, sondern man hofft auf etwas. Hoffnung braucht ein Ziel. Man hofft darauf, dass der geliebte Mensch geheilt wird. Oder dass sich die Ehe doch wieder kitten lässt. Ohne Hoffnung gibt es kein Morgen, keinen Grund, weiterzumachen.

Wenn das Warten auf Godot ein Warten auf Gott ist, der die beiden Protagonisten Wladimir und Estragon erlösen soll, ergibt sich eine denkbare Erklärung: Die Menschen streben auf einen Gott hin, der sie erlöst. Der Begriff »Gott« kann jedoch Verschiedenes bedeuten. Wartend sind Wladimir und Estragon der Welt, den Geschehnissen ausgeliefert und können diese nicht beeinflussen, sie schwanken zwischen Hoffnung und Hoffnungslosigkeit; je länger sie warten, umso aussichtsloser wird die Situation. Sie leben in der Hoffnung, Godots Erscheinen würde die Zeit aufhalten. Sie hoffen, von der ewigen Ungewissheit und der Illusion errettet zu werden.

Um in dieser Situation überhaupt noch agieren zu können, bleibt tatsächlich nur das Hoffen auf … Die Frage ist nur, worauf. Der einzige Mensch, der vermutlich gerade auf der Erde ist und im tiefsten Kern weiß, was dir wirklich fehlt, bist DU.

Auch wenn es schwierig ist, herauszufinden, was du wirklich brauchst, wo sich also bloße Wünsche von existenziellen Bedürfnissen unterscheiden. Deshalb ist es an dieser Stelle des Kapitels für dich so weit, hoffnungsvoll zu werden.

Hoffen kann man in zwei Varianten. Entweder man hofft, dass eine suboptimale Situation sich verbessert, oder dass eine gute Situation bestehen bleibt. Durch Erlebnisse wie das prägende Gespräch mit der Frau und ihrem Enkel im Arm habe ich erlebt, dass Zuhören manchmal wichtiger und heilsamer sein kann, als Rat-Schläge zu verteilen. Deshalb würde ich dir hier gerne Mut machen, selbst Teil dieses Hoffnungs-Buches zu werden. Es gibt dazu ein etwas veraltetes analoges Dokumentations- und Schreibwerkzeug, das vom Aussterben bedroht ist: Es nennt sich Stift.

In der ersten, exklusiv für dich freigehaltenen Rubrik bitte ich dich, einmal aufzuschreiben, warum du glaubst, hoffen zu wollen, aus welchem Mangel heraus du hoffst, was dich existenziell nervt oder warum du unabänderlich leidest oder traurig bist (hier dürfen auch Tränen tropfen):

Die nächsten Zeilen sind dafür vorgesehen einmal darüber nachzudenken und aufzuschreiben, worauf du aktuell nicht mehr hoffen musst bzw. von dem du hoffst, dass es dir erhalten bleibt (Gesundheit, Frieden, Beziehung usw.) oder anders formuliert, wofür du dankbar bist:

Und nun bist du endlich eingeladen aufzuschreiben, was du hoffst. Achte darauf, dass deine Freiheit in dieser Rubrik mit den Grenzen anderer Menschen kollidieren könnte und es manchmal nicht das Wichtigste ist, dass alle deine Wünsche in Erfüllung gehen, sondern dass es noch mehr geben könnte als das, was du gerade glaubst zu fühlen (Geld oder Liebe?). Ich hoffe auf …:

Danke dir und Gratulation für das Mitwirken an diesem Buch. Ich glaube, durch das Reflektieren und Transkribieren hast du einen wichtigen Schritt in deine ganz persönliche hoffnungsvolle Zukunft gemacht. Lies hier gerne immer wieder mal nach und ergänze bei Bedarf.

Mein persönlicher Super-GAU ist, abgesehen vom Tod eines Angehörigen, der, dass ich mich nicht mehr bewegen kann. Was hilft, ist Hoffnung. Hoffnung, dass ich eines Morgens plötzlich mit verschränkten Armen im Türrahmen stehe, kurz meiner Familie zuwinke und zum ersten Waldlauf aufbreche. Allein die Vorfreude darauf ist es mir wert, an der Hoffnung auf Heilung festzuhalten.

Wunder passieren nicht auf Knopfdruck. Aber Hoffen ist

erlaubt. Ich hoffe darauf, mich wieder bewegen zu können. Auch wenn der Verstand mir rät, lieber nicht darauf zu setzen, um mich nicht selbst zu enttäuschen. Ich wurde schon oft gefragt, was ich als Erstes machen werde, wenn ich wieder laufen kann, und ich habe die Antwort schon 27-mal wieder verworfen. Denn tatsächlich würde ich wohl einfach rausgehen und loslaufen, nur um des Laufens willen. Irgendwo an einem Baum meiner Wahl anhalten, mich mit einer Hand daran abstützen und etwas von meinem Gewicht an ihn abgeben, die raue Rinde spüren. Mich dann vielleicht hinsetzen, nur um des Hinsetzens willen. Nach einer Weile die Beine überkreuzen und die Hände hinterm Kopf verschränken, einfach so, weil ich es kann.

Spätestens im Himmel werde ich all das wieder tun können, da bin ich sicher. Wenn ich als kleiner Junge die Sterne angeschaut habe, wurde mir allein bei ihrem Anblick schon ganz mulmig: Die Gedanken an die Unendlichkeit und die Fragen, wo wir herkommen und was nach dem Tod geschieht, bereiteten mir schlaflose Nächte und machten mir Angst. Bringe ich heute dagegen meinen Rollstuhl in eine Liegeposition und betrachte den Nachthimmel, wird mir eher auf eine beruhigende Weise bewusst, was für ein kleines Rad in diesem unvorstellbar komplexen Ordnungssystem des Universums ich bin und wie wenig ich begreife oder kontrollieren kann.

Gemessen an der Unendlichkeit, sind die vielleicht 30, 40, 50 Jahre, die wir hier auf der Erde noch vor uns haben, nur ein Wimpernschlag. Aus meiner heutigen Sicht gibt es zwei Möglichkeiten: Entweder, unsere Umstände verbessern sich so weit, dass wir damit leben können – oder wir lernen, unsere Situation so anzunehmen, wie sie ist. Vielleicht sind alleine der Versuch und die Suche an sich schon sinnvoll. Wir werden nie auf alle Fragen eine Antwort bekommen, doch wenn es so weit ist, können wir sie Gott stellen. Und bis dahin hoffen wir darauf:

Er wird alle ihre Tränen abwischen, und es wird keinen Tod und keine Trauer und kein Weinen und keinen Schmerz mehr geben. Denn die erste Welt mit ihrem ganzen Unheil ist für immer vergangen. (Offenbarung 21,4)

Tränen trocknen, Schmerzen lindern, das geht auch schon jetzt, deshalb lasst uns weiter wach, abenteuerlustig und hoffnungsvoll vorwärtsgehen (und -rollen) – um mit so vielen Menschen wie möglich schon jetzt ein Stückchen Himmel auf Erden zu feiern!

Es ist aber der Glaube eine feste Zuversicht auf das, was man hofft, und ein Nichtzweifeln an dem, was man nicht sieht. (Hebräer 11,1; LUT)

Samuel Koch, Schauspieler und Frostbeule, hofft deshalb auf emotionale Klimaerwärmung.

FRIEDEN IM ZERBRUCH

DÉBORAH ROSENKRANZ

Die Besorgnis in der Stimme am anderen Ende der Leitung ist offenkundig, während ich die Frage höre, die mir gerade so oft gestellt wird: »Wie geht es dir?« Eine berechtigte Frage. Eine dringende Frage. Passender denn je. Ja, äußerlich ist meine Welt gerade komplett zerbrochen. Finanziell sowieso. Ich bin Künstlerin, Sängerin und Buchautorin. Also selbstständig. Und ich habe über ein Jahr investiert, um mein erstes deutsches Album veröffentlichen zu können, und auch all meine Finanzen da hineingesteckt. Nach nur zwei Auftritten war Schluss. Schlagartig. Auf unbestimmte Zeit ist jedes Interview, jeder Auftritt abgesagt worden. Die Welt steht still. Ein kleines Virus hat es geschafft, mein mühsam aufgebautes Leben anzuhalten, auszubremsen. Covid-19.

Ich sollte mich ärgern, panisch werden, durchdrehen, weinen, verzweifeln, Angst haben. Doch es geht nicht. Es geht einfach nicht. Ich erlebe etwas, dass ich nie erlebt hätte, wäre ich nicht schon mehrfach durch lebensbedrohliche Krisen gegangen. Frieden. Doch dazu gleich mehr. So höre ich mich antworten: »Danke, es geht mir sehr gut! Ich habe einen so unfassbaren Frieden in mir. Ich kann das selbst nicht begreifen!« In dem Moment macht es Klick. Denn da gibt es doch diesen Bibelvers, den ich so oft schon irgendwie wahrgenommen (und nicht verstanden) habe:

Ihr werdet Gottes Frieden erfahren, der größer ist, als unser menschlicher Verstand es je begreifen kann. (Philipper 4,7)

Sollte es diesen Frieden wirklich geben?

Mein Vater nennt mich tatsächlich scherzhaft »die heilige Katastrophe« und das hat auch seine Gründe! Mit 37 Jahren kann ich eine Liste an Dramen in meinem Leben vorweisen, die nicht sonderlich beruhigend aussieht. Wenn ich mir das vor Augen halte, dann denke selbst ich: »Boah, die Frau muss völlig kaputt sein!« In diesen 37 Jahren hätte ich mehrmals tot sein können.

Mit 13 wurde ich so schwer magersüchtig, dass die Ärzte meinen Eltern praktisch schon empfahlen, einen Sarg für meine Beerdigung zu organisieren. 30 Kilo in nur einem Jahr abzunehmen, das war weder für meinen Geist noch für meinen Körper gesund. All das war der Aufschrei meines Herzens, geliebt werden zu wollen! Doch kein Mensch auf Erden konnte diese Sehnsucht in mir füllen. Auch, wenn meine Familie alles tat, um mir zu helfen, und mich liebte, wie es sich jedes Kind wünscht. Es war nicht genug. Die Macht des Todes kam mir stärker vor als der Wunsch, weiterzuleben.

Doch da war noch etwas anderes, das sogar der Macht des Todes(wunsches) die Kraft nehmen konnte: Das Gebet zweier ganz einfacher Menschen, meiner Eltern. Eines Nachts, als mein Körper so schwach war, dass ich kaum noch gehen konnte, mir die Haare büschelweise ausgefallen waren und ich so dünn war, dass ich meine Hüftknochen als »Ablage« für meine Hände nutzen konnte, hörte ich lautes Weinen aus dem Schlafzimmer meiner Eltern. Als ich näher an die Tür trat, hörte ich ihren großen Schmerz: »Unsere Tochter wird eh sterben«, weinte meine Mutter. Doch mein Vater antwortete laut und ausdrücklich: »Nein! Wir werden für unsere Tochter beten und unsere Tochter wird leben!«

Das, was in dieser Nacht geschah, ist nicht von dieser Welt. Denn die Macht des Todes wurde wirklich zerstört. Meine schlechten Gedanken über mich selbst konnten mich nicht davon abhalten, die Schlafzimmertür zu öffnen und zu sagen: »Mama, Papa, ich möchte gesund werden!« Und das durfte ich, auch wenn es ein langer Prozess war. Ja, es war sehr anstrengend und schmerzhaft. Doch es hat sich gelohnt, zu kämpfen!

> *Ich war schon mehr tot als lebendig, doch du hast mich dem sicheren Tod entrissen und mir das Leben neu geschenkt! (Psalm 30,4; (HFA))*

Diesen Vers habe ich in meiner Bibel fett unterstrichen und das Wort »Magersucht« danebengeschrieben. Das war die große Krise meines Lebens, so dachte ich ... und dann wurde ich sexuell missbraucht.

Nach insgesamt sieben Jahren der Essstörung, die extrem an mir gezehrt und mich meine Jugend gekostet hat, war ich endlich auf dem Weg in ein unbeschwertes Leben. Dass dieser gutaussehende Typ was von mir wollte, war nach Jahren der Selbstzweifel einfach unglaublich! Ich war noch viel zu unsicher in und mit meinem Körper, um mich grundsätzlich berühren zu lassen, doch das schien kein Problem für ihn zu sein. Er hatte ja auch seine Baustellen. Heute weiß ich, dass er drogenabhängig war. Doch das bekam ich leider erst mit, als er mir eine besondere Mischung in mein Getränk kippte, nämlich K.-o.-Tropfen. An diesem schrecklichen Abend holte er sich das, was ich mir so wertvoll aufbewahrt hatte.

Die K.-o.-Tropfen hatten mich komplett ausgeknockt, so dass ich mich nur daran erinnere, wie ich auf einer alten Matratze auf dem Fußboden einer leeren Wohnung wieder zu mir kam und Blut auf dem Bettlaken sah. In diesem Moment starb ein Teil von mir. Ich wollte aus meiner Haut springen, so sehr ekelte ich mich vor meinem eigenen Körper. Und egal, wie lang ich unter der Dusche stand und wie viel Seife ich auch benutzte, der Dreck ging nicht weg. Die Scham klebte an mir und der Hass auf meinen Körper war nicht zu stoppen. Für mich gab es nur eines: »Ich muss weg!«

So habe ich erst einmal bei einer Freundin übernachtet, denn ich hatte Angst vor meiner Familie und wollte keinesfalls erzählen, was passiert war. Ich selbst hatte alles ruiniert. Das ist die große Lüge, die viele Missbrauchsopfer beherrscht. Man gibt sich selbst die Schuld. »Ich hätte ja nicht mit ihm zusammen sein müssen. Ich hätte klarer sein können. Sicher habe ich es provoziert …!« Als selbst meine Freundin nicht mehr weiterwusste, kehrte ich zurück. Es war Ostern und alle erwarteten mich im Gottesdienst. Ich dachte, ich würde tot umfallen, wenn ich so »dreckig« in die Kirche liefe. Ich hatte Angst, Angst vor Gott. Vor seiner Rache, seinem Zorn. So saß ich zusammengekauert auf meinem Platz in einer der letzten Reihen und wünschte, ich wäre unsichtbar.

Als der Pastor vorne sagte: »Jesus ist für alles, was du durchmachst, ans Kreuz gegangen. Für deine Scham, deine Schuld, deinen Dreck,« da dachte ich, er meine mich persönlich. In meinem Herzen wagte ich ein Gebet. Ein kleines, doch von Herzen kommendes: »Kannst du mich heil machen?« Ich glaube bis heute, dass dies der Schlüssel war, dass ich langfristig wirklich vergessen konnte. Natürlich ist es absolut wichtig, sich professionelle Hilfe zu holen, doch für mich war das Gebet auch in dieser Krise der Türöffner zu meiner Heilung.

Ja, ich habe diesen Teil meines Lebens wirklich 15 Jahre vergessen (nicht verdrängen!) können! Und nein, ich habe die Antwort auf das Wieso nicht vollständig. Selbst Jesus hing am Kreuz und rief: »Mein Gott, warum hast du mich verlassen?« Doch was ich weiß und erlebt habe, das ist ein Gott, dem es nicht egal war. Der mir den Schmerz des Missbrauchs genommen hat und die Wunde, von der ich meinte, dass sie für immer bleiben würde, narbenlos geheilt hat! Das ist das, was ich zu 100 Prozent weiß, weil ich es mehrfach erlebt habe.

Zu diesem Zeitpunkt hätte ich niemals geahnt, dass es noch schlimmer kommen könnte. Mit 34 traf ich endlich meinen Traummann und alles schien perfekt. Wir planten unsere gemeinsame Zukunft, konnten uns für die Hochzeit nicht zwischen dem Bodensee und Hawaii entscheiden (echte Luxusprobleme, ich weiß!) und ich träumte von all dem, was wir gemeinsam bewirken würden. Doch ich merkte nicht, wie das Planen unserer gemeinsamen Zukunft alles nahm, was mich selbst ausmachte. Denn bei »uns« gab es keinen Platz mehr für »meins«, für meine zu einfachen Auftritte oder meinen Produzenten, geschweige denn für meine beste Freundin. Meine Familie war auch nicht gut genug und mein beschriftetes Auto oberpeinlich. Meine Kleidung nicht vorteilhaft und mein Aussehen könnte man doch operativ verbessern. Nichts an mir schien gut genug und als er bei einem Dinner in Kalifornien am Strand meine Frage: »Liebst du mich eigentlich?« mit »Ich liebe dich halt anders, es ist praktisch mit dir, weil du halt auch gerne reist und so« beantwortete, zerbrach meine Welt. Als er hinzufügte: »Du gefällst mir halt nicht so. Dein Muttermal im Gesicht zum Beispiel finde ich so hässlich, dass ich kaum hinschauen kann«, da dachte ich, ich sei im falschen Film!

Wieder einmal tat sich ein großes Loch auf. Denn für diesen Mann hatte ich alles aufgegeben, was mich ausgemacht hatte: Meine Musik, meine Träume, meine Freundschaften. Ja, sogar mich selbst. Als ich dann auch noch erfuhr, dass er ein paar Tage nach der Trennung eine Neue hatte und nur vier Wochen später mit ihr verlobt war, hätte ich mich übergeben können vor lauter Übelkeit. Ich erlebte hautnah, was emotionaler Missbrauch bedeutet. Eine Form von Missbrauch, die nicht zu unterschätzen ist. Weil keiner mitbekommt, was alles für seelische Schmerzen zugefügt wurden.

Nach allem, was ich schon erlebt hatte, brach nun die

schlimmste Zeit meines Lebens an. Eine schwere Depression, die mir ins Ohr flüsterte: »Reiß das Lenkrad rum und fahr in diese Mauer.« Und ich wollte das sehr, denn ich ertrug den Schmerz nicht. Doch es ging nicht. Dieses leise Flüstern im anderen Ohr: »Ich bin bei dir!« (nach Matthäus 28,20). Und wieder einmal erlebte ich, wie etwas so Leises, stärker war als die Macht des Todeswunsches in mir.

»Mein Gott, mein Gott, warum hast du mich verlassen?« Diese Frage brannte wieder einmal auf meinem Herzen. Nach Wochen im Bett und einer Mischung aus Netflix, Selbstmitleid, starken Schlaftabletten, Herzrasen, endlos vielen Taschentüchern und definitiv keiner Dusche entschied ich mich, nach der Wahrheit über meine Situation zu suchen. Denn ich wusste, dass ich sonst nie wieder glücklich werden oder überhaupt leben können würde. Ja, es kostete mich alle Kraft, denn eigentlich wollte ich Rache.

Als ich an jenem Tag mein Andachtsbuch endlich wieder aufschlug, stand da an erster Stelle das Wort »Vergib«. Sogar drei Tage hintereinander! Ich glaube nicht an Zufälle. Und ich entschied mich für die Vergebung. Erst einmal kam sie nur aus dem Mund, nicht aus meinem Herzen, und das sagte ich Gott auch. Doch mit jedem Mal, in dem ich mich entschied, genau das zu tun, Vergebung auszusprechen, wurden meine Augen offener. Offener für die Wahrheit. Und diese sah in Gottes Realität anders aus als in meiner. Verletzte Menschen verletzen. Mein Ex war einer dieser verletzten Menschen. Er hatte echte Liebe noch nie erfahren – das wusste ich. Wie hätte er sie mir weitergeben können? Er selbst war auch noch nie für sein Tun gelobt worden, also kannte er nur die Option, gut auszusehen. Und ich selbst? Bei mir war auch nicht nur Gutes vorzuweisen. Ich selbst hatte Menschen verletzt, brauchte ich nicht ebenso Vergebung? Moment … ist nicht Jesus auch dafür ans Kreuz gegangen? Damit wir frei werden können von all dem?

Und ich durfte frei werden! Natürlich war es auch hier ein

Prozess. Ich musste lernen, immer wieder die Entscheidung zu treffen, zu vergeben. Ja, es war ein Kampf. Zwischen Kopf und Herz. Zwischen dem, was Gott von mir wollte, und dem, was ich selbst wollte. Doch durch diesen Kampf konnte ich wirklich erkennen, dass ich ihm vertrauen kann. Denn er hat mein Vertrauen belohnt, indem er mich in diesem Prozess stärker denn je gemacht hat und mir für jeden Tag neue Kraft geschenkt hat.

Ich habe erlebt, dass es möglich ist, komplett frei zu werden von Hass, Vergeltung, Rachegelüsten und vor allem von den Ängsten vor der nächsten Krise, dem nächsten Zusammenbruch. Womit wir genau im Jahr 2020 angekommen sind. Ja, die Corona-Krise könnte Angst machen und ich verstehe das auch und habe auch meine »Momente«. Doch dann erinnere ich mich an all die Krisen, durch die mich Gott geführt hat. Denn das sage ich heute sehr bewusst: »Er hat mich hindurchgeführt!« Ich weiß, dass er mich nicht so weit gebracht hat, um mich das nächste Mal dann fallen zu lassen! Ich entscheide mich jeden Tag aufs Neue, ihm zu vertrauen. Für jetzt und für das, was noch kommen wird. Denn alleine schaffe ich das nicht. Ich brauche ihn!

Während ich hier schreibe, bin ich schon knapp einen Monat alleine in meiner Wohnung. In der Wohnung, in der ich vor nur drei Jahren ebenso wochenlang in meiner Depression am Boden lag und keine Zukunft mehr sah. In der Wohnung, in der ich nach Sätzen wie »Du wirst zu dick« meines Ex-Freundes so oft versucht war, mich wie damals über das Klo zu beugen und mir den Finger in den Hals zu stecken. Viele schmerzvolle Erinnerungen, die ich jetzt noch mehr wahrnehme, denn in meinem verrückten Leben bin ich sonst maximal eine Woche über den Monat verteilt zu Hause.

Doch die Erinnerungen haben keine Macht mehr über meine Laune und sie können mir diesen Frieden auch nicht mehr nehmen, den Gott in mein Herz gelegt hat. Denn mein Fokus liegt heute nicht mehr auf den Schmerzen oder gar der Sorge, was morgen sein wird. Meine Blick richtet sich auf die Wahrheit, die ich immer wieder erleben durfte: »In jeder Wunde steckt ein Wunder!« Keine dieser Krisen hat mich zerstört. Ganz im Gegenteil! Es ist, als hätten sie mich stärker, schöner und sicherer gemacht! Sicherer, dass Gott alles zu einem guten Ende führt.

Führt mich mein Weg mitten durch die Not, so schenkst du mir neue Lebenskraft. Der Herr wird alles für mich zu einem guten Ende bringen! (Psalm 138,7a und 8a: NGÜ)

Déborah Rosenkranz ist Sängerin, Songwriterin und Buchautorin, die im Jahr jeweils um die 60 000 Kilometer »on the road« ist. Sie hofft auf die Erfindung von einem Auto mit Sushi-Bar, Kleiderschrank und großem Fach für High Heels.

VERANKERT IN JESUS

KONSTANTIN KRUSE

Echt? Krass! Und wie geht es jetzt weiter?«

Das war meine Antwort, als ein netter Herr vom Gesundheitsamt mir am Telefon sagte, dass mein Corona-Test positiv sei. Das war ein komischer Moment. Durch die Medien hatte ich zuvor schon viel über dieses Virus gelesen. Die Meinungen gingen auseinander. Von Panikmache bis zu Verharmlosung. Es war alles dabei. So gab es zu diesem Zeitpunkt erst ein paar Dutzend Menschen in Deutschland, die infiziert waren.

Was bedeutete dieses Testergebnis also für mich persönlich? Mir schossen sofort 1000 Fragen durch den Kopf: Was passiert jetzt mit meiner Familie? Wo habe ich mich angesteckt? Ich hatte mit vielen Menschen Kontakt, hoffentlich habe ich niemanden angesteckt!

Sollte ich verzweifeln oder optimistisch bleiben? Die körperlichen Symptome waren eindeutig. Ich hatte Schüttelfrost, hohes Fieber, Halsschmerzen. Andererseits sagte ich mir, dass es ja nicht so schlimm sein könne und viele andere dieses Virus auch schon überlebt hätten. Aber die Ungewissheit blieb. Vieles war noch nicht erforscht in Bezug auf Covid-19. Krankheitsverläufe waren sehr unterschiedlich. Ich hatte es nicht in der Hand. Aber ich wusste, dass Gott mein Leben fest in seiner Hand hält und entschied mich trotz aller *Red Flags*, ihm zu vertrauen.

Kurze Zeit nach dem Telefonat mit dem Gesundheitsamt holten mich zwei Krankenpfleger in Schutzkleidung ab. Passanten und Schaulustige sahen mir mit großen Augen nach und hielten so viel Abstand wie nur irgend möglich. Nun konnte ich mir ungefähr vorstellen, wie es zu biblischen Zeiten einem Menschen mit Aussatz erging. Es folgten fast zwei Wochen Isolierstation im Krankenhaus. Mein tägliches Highlight waren die freundlichen, in Schutzanzüge gekleideten Krankenschwestern, die mir von der Welt da draußen berichteten: Kein Klopapier, geklaute Desinfektionsmittel in Krankenhäusern und viel Angst unter den Menschen.

Ein Leben ohne Krisen und Stürme wäre doch toll oder? Ach, wenn es doch nur von irgendwem irgendwo eine Garantie gäbe, dass nichts Schlimmes mehr im Leben passieren wird. Kein Verlust, kein Leid, kein Kummer, keine Krankheit. Das würde ich sofort für meine Familie buchen, um sie zu schützen. Ich glaube, jeder Mensch wünscht sich das. Aber so eine Garantie im Leben gibt es nicht. Schmerzhafte Dinge passieren. Jemand hat mal gesagt, dass man sich im Leben immer in einer dieser drei Kategorien wiederfindet: Erstens in einer Krise, zweitens gerade aus einer Krise kommend oder drittens, die nächste Krise wartet bereits um die Ecke.

Doch wohin mit all dem Schmerz, den das alles mit sich bringt? Wie bewältigen wir Krisen? Woher kommt echte Hoffnung? Aus positivem Denken, Tatkraft oder Elan, könnte man meinen. Sie sind an sich gut, aber in sich selbst haben diese Dinge keine Kraft und garantieren keinen Frieden. Vielleicht können Glaube, Gebete und gute Werke uns im Leben Sicherheit und Frieden garantieren? Wieder lautet die Antwort: Nein. Denn der Glaube muss sich auf etwas gründen, was größer ist als er selbst. Glaube allein reicht nicht aus. Entscheidend ist, worauf sich dieser Glaube gründet. Hierin liegt die Kraft. Der Glaube ist wie der Anker eines Schiffes. Ihn dürfen wir in die Tiefe und Dunkelheit unserer Ängste und Unsicherheiten werfen, bis er fest einrastet und Halt bekommt.

Und wo findet dieser Anker sicheren Halt? Nicht in Gesundheit, Ansehen oder unserem Bankkonto. In Krisen brechen diese Dinge oft als Erstes weg. Es gibt nur einen Halt, eine Konstante in dieser zerbrochenen und hoffnungslosen Welt – und das ist Jesus Christus. Er zeigte dir bereits, wie sehr er dich liebt, indem er am Kreuz für dich starb. Das Kreuz ist der Ort, an dem Hoffnung zu finden ist. Es ist der Dreh- und Angelpunkt der Geschichte Gottes mit uns Menschen. In der Bibel wird beschrieben, wie Jesus sich selbst für uns Menschen am Kreuz hingegeben hat, damit wir eine Beziehung zu unserem himmlischen Vater haben können.

Wenn ein Sturm über dein Leben hereinbricht und du nicht verstehst, was abgeht, dann gibt es diese Hoffnung. Sie findet ihren Halt im Kreuz. In dem, was Jesus für uns tat. Sein Opfertod am Kreuz bringt dich nicht nur in den Himmel, sondern ist auch ein fester Halt für den Anker deiner Seele in jedem Sturm deines Lebens. Ich möchte vier Punkte nennen, wie das Kreuz ein Anker deines Lebens sein kann.

1. GOTT LIEBT MICH

Das Kreuz ist das sichtbare Zeichen, dass Gott jeden von uns liebt. Du bist geliebt. Diese Wahrheit steht – egal, wie es in deinem Leben aussieht. Doch manchmal fällt es uns schwer, das zu sehen. Es fällt uns schwer, dankbar dafür zu sein. Der Gedanke, warum Gott dieses oder jenes zulässt, wenn er uns liebt, drängt sich immer wieder auf. Gott, warum lässt du das zu, wenn du mich wirklich liebst? In diesem Chaos der Gedanken gibt es nur eines, was uns heraushilft und unseren Anker hält: Sieh auf das Kreuz. Halte dir das Kreuz vor Augen. Das Kreuz sendet die glasklare Botschaft, dass Gott dich liebt. Immer, unerschütterlich, unaufhebbar. Er hat dich schon geliebt, als du noch nichts von ihm wissen wolltest. Und nichts kann dich von dieser Liebe trennen.

Und das ist die wahre Liebe: Nicht wir haben Gott geliebt, sondern er hat uns zuerst geliebt und hat seinen Sohn gesandt, damit er uns von unserer Schuld befreit. (1. Johannes 4,10)

Diese Botschaft des Kreuzes hebt Schmerz und Verzweiflung nicht auf. Vielmehr verkündigt sie eine neue Wahrheit in unser geschütteltes Leben hinein: Es gibt einen Gott, der dich bedingungslos liebt. Er hat dich schon immer geliebt und wird es immer tun.

2. GOTT BEHÄLT DIE KONTROLLE

Was ich jetzt schreibe ist ein Mysterium. Ich kann es selbst nicht bis ins Letzte erfassen. Gott gab uns Menschen einen freien Willen. Wir gehen eigenverantwortlich mit diesem um und prägen den Lauf unseres Lebens. Und doch behält Gott jederzeit und in allem die Kontrolle. Wie kann das sein? Wir sehen diese Wahrheit in der Kreuzigungsgeschichte Jesu. Viele verschiedene Menschen waren am Kreuzestod Jesu beteiligt. Zum Beispiel Pilatus. Er stellte das Volk vor die Wahl, ob Barabbas oder Jesus freikommen sollten. Natürlich würden sie Jesus wählen, dachte er. Denn Barabbas war ein furchtbarer Mörder und Terrorist. Jesus hingegen hatte niemanden umgebracht. Er hatte Menschen geheilt und Gutes getan. Doch das Volk rief: »Barabbas, Barabbas!«

Alles schien außer Kontrolle geraten zu sein. Später folterten römische Soldaten Jesus erbarmungslos und schlugen ihn an ein Kreuz, wo er schließlich starb. Haben Menschen sich dazu entschieden, Jesus an ein Kreuz zu nageln? Auf jeden Fall! Hat Gott ihnen das Wort Barabbas in den Mund gelegt, als sie eine Entscheidung treffen sollten? Ich denke, nicht. War es Gottes Plan, dass all das passiert und sein Sohn am Kreuz für die Sünden dieser Welt stirbt? Ohne Frage: Ja!

Gott gab dem Menschen einen freien Willen und trotzdem behält er in allem die Kontrolle. Ich kann dir nicht erklären, wie das funktioniert. Dennoch gilt auch für dich: Gott hält dein Leben in seiner Hand. Ehrlich gesagt, hält Gott die ganze Welt in seiner Hand. Er bestimmt den Lauf dieser Welt, nicht wir. Vielleicht fragst du dich jetzt: Warum hält Gott dann das Chaos nicht auf? Warum nimmt er dieses schreckliche Coronavirus nicht einfach weg?

Auf diese Frage gibt es keine einfache Antwort. Gott wollte von Anfang an, dass die Menschen ihn aus einem freien Willen heraus lieben! Er wollte keine Roboter, die einfach stur das machen, was er sagt. Er wollte ein Gegenüber, welches ihn erkennt und liebt. Denn Liebe ist erst dann Liebe, wenn sie freiwillig geschenkt wird. Doch dieser freie Wille hat eine Kehrseite. Wegen ihm passieren furchtbare Dinge auf dieser Welt. Viel Böses passiert, weil Menschen Böses tun. Gott zu bitten, dass er jetzt alles Schlechte auf dieser Welt wegnimmt, würde bedeuten, dass er uns den freien Willen nimmt. Genau diesen aber brauchen wir, um ihn zu lieben.

Die Bibel sagt, dass Gott eines Tages alles Schlechte auf dieser Welt beseitigen wird. Dann wird das Leben, wie wir es kennen, vorbei sein. Das Kreuz zeigt uns, dass Gott uns auch in den schweren Zeiten unseres Lebens in der Hand hält.

3. GOTT KANN AUS KRISEN ETWAS GUTES MACHEN

Der Tag, an dem Jesus am Kreuz starb, muss für seine Jünger unglaublich krass gewesen sein. Sicherlich war es der Tiefpunkt ihres bisherigen Lebens, eine emotionale Talfahrt. Sie sahen, wie ihr bester Freund starb. Ihr Jesus, der Sohn Gottes, gefoltert und tot. Für die Jünger starb nicht nur Jesus, sondern auch die Hoffnung auf einen Retter, der sie von der Sklaverei der römischen Besatzung in Judäa befreien würde. An was sollten sie jetzt noch glauben? War alles eine große Täuschung gewesen? Was würde ihnen nun angetan werden, wo Jesus tot war?

Zweitausend Jahre später erleben wir Karfreitag und denken: »Wow, das Kreuz ist das Wunderbarste, was je passiert ist!« Gott hat aus dem Schlimmsten das Beste gemacht. Das Kreuz ist unser Anker und unsere Hoffnung.

4. GOTT VERSTEHT MICH

Als ich mit der Corona-Infektion im Krankenhaus lag, drängte sich mir immer wieder ein Gedanke auf: »Gott, warum passiert das ausgerechnet mir? Gott, warum gerade ich? Es trifft doch eigentlich immer die anderen.« Sicherlich kennst du diese Gedanken. Wenn wir Leid erleben, möchten wir am liebsten wegrennen. Es ist schwer auszuhalten und wir sind sauer auf Gott. Das ist verständlich. Und doch lade ich dich ein, mal einen anderen Gedanken zuzulassen. Er kommt auf, wenn wir einen Blick aufs Kreuz wagen: Jesus, das ist dir widerfahren? Du warst bereit, das auf dich zu nehmen? Für mich? Schmerz, Verlassenheit und Angst sind dir widerfahren. Jesus, du weißt, was es bedeutet, abgelehnt, geschlagen und missachtet zu werden. Du kannst all das nachempfinden. Gott, du verstehst mich – besser als ein Mensch mich verstehen kann.

Inmitten der Herausforderungen meines Leben habe ich mich immer und immer wieder entschieden: Jesus, ich werde nicht wegrennen von dir. Ich werde dem Kreuz nicht meinen Rücken zuwenden, denn du bist der Einzige, der versteht, was ich gerade durchmache. Du bist mein Anker.

Gott kann Umstände ändern. Oftmals tut er es, wendet Leid ab und schützt uns. Doch oftmals geschieht es auch nicht. Das Kreuz zeigt, dass Gott nicht immer die Umstände ändert. Aber Gott behält die Kontrolle und er lässt uns nie los. Er hält uns fest und sein Kreuz wird immer ein Anker der Hoffnung für uns sein.

Konstantin Kruse, Pastor, verheiratet mit Judi und Vater von Lotta und Ida, hofft auf das Wunder der Haarvermehrung auf seinem Kopf.

AUF EINMAL AUSGEBREMST

JANA HIGHHOLDER

Ich bin Jana, 21 Jahre alt. Mein Leben teilt sich auf zwischen Montag bis Freitag und dem Wochenende, zwischen Schreibtisch und Bühne. Ich studiere Medizin, bin Rednerin und Influencerin. Der größte Luxus meines Lebens ist Zeit.

Bis zum 26. Februar ging meine Famulatur im Krankenhaus, vom 27. bis zum 29. Februar sollte ich auf dem Willow Creek Leitungskongress in Karlsruhe sein, am 1. März wollte ich für sechs Tage in den Urlaub fliegen, um dann am 7. März auf einem Frauenevent zu predigen. In der Woche darauf sollte ich am Donnerstag nach Zürich fliegen für Dreharbeiten, Freitagabend in Winterthur sprechen und am Samstagmorgen nach Frankfurt zurückfliegen, um in Marburg auf einem Event zu sprechen. So weit meine Pläne.

Aber dann kam alles anders: Der Kongress wurde aufgrund der Corona-Infektion eines Sprechers abgebrochen, die Referenten mussten für 14 Tage in häusliche Quarantäne. Dort befinde ich mich bis heute – sieben Wochen später. Ich bin krank geworden und wurde positiv auf Covid-19 getestet. Auf einmal war alles anders. Die Krankheit zwingt mich zum Anhalten. Obwohl es mir mittlerweile wieder gut geht, sind alle Veranstaltungen abgesagt, alle Pläne nichtig. Und das nicht nur in meinem kleinen Kosmos. Die C-Problematik ist eine globale, die jeden betrifft. Eine »höhere Gewalt« scheint schuld zu sein.

Ein bisschen kommt es mir vor, als sei »beschäftigt sein«

das neue »heilig«. Wir sind alle so beschäftigt. Und wichtig. Wir sagen, unsere Priorität seien Beziehungen, aber wir kommen abends zu erschöpft nach Hause, um noch lebendig in diesen zu leben. Falls wir beten, sind unsere Gebete häufig erfüllt von unseren Anliegen und enden mit dem »Amen«, bevor wir Gott überhaupt die Chance gegeben haben, zu antworten. Aber erfordert ein Gespräch nicht die Bereitschaft, zuzuhören?

Wenn plötzlich alles wegfällt, alle Termine, alle Arbeit, alle gewohnte Struktur, was macht man denn dann? Was mache ich denn jetzt? Und wer bin ich dann eigentlich?

In so einer langen Zeit der Quarantäne erlebt man Phasen. Meine erste war die von Trauer und Wut: Warum ich, warum jetzt, wie unfair! Während ich mich zunächst nur darüber aufgeregt habe, 14 Tage angeblich unnötigerweise in Quarantäne zu verbringen, hatte ich schon bald ganz andere Sorgen. Ich schreibe diesen Text an Tag 49 der Quarantäne, einige Wochen und mehrfache positive Testungen später. Immer und immer wieder wurde ich getestet und stets war ich positiv. Ich weiß, dass ich grundsätzlich ein positiver Mensch bin, aber das war dann doch zu viel des Guten ...! Bei der ersten Rückmeldung, die mir eröffnete, dass ich weitere zwei Wochen zu Hause bleiben müsse, war mein Tiefpunkt erreicht: Ich weinte, klagte, rang mit Gott. Nachdem meine Tränen getrocknet waren, raffte ich mich auf und führte mir selbst vor Augen, dass es genug Gründe gibt, dankbar zu sein. Und so schrieb ich eine Dankbarkeitsliste. Wer kennt diesen kläglichen Versuch nicht, »einfach mal die Perspektive zu ändern« oder »einfach mal das Positive zu sehen«. Dann wartete ich weitere 14 Tage und machte Pläne für den Tag danach. Es gab so viel zu tun, zu erledigen, zu organisieren, umzuplanen. Und ich hoffte. Ich hoffte wirklich. Auf Freiheit, auf die Möglichkeit, Veranstaltungen wahrzunehmen, auf Besserung. Ich hoffte, dass irgendeiner meiner Pläne bald aufgehen würde. Ich hoffte. Und wartete.

Aber der Tag danach wollte einfach nicht kommen. Mir schien, solange ich mit meinen eigenen Plänen zu Gott kam, solange würde dieser Test positiv sein. Eine Sackgasse. Und so langsam dämmerte es mir: Meine Haltung musste sich verändern. Wenn ich weiterhin meine Zeit damit zubrachte, alles unfair zu finden, und meine Energie da rein investierte, Gott nach dem Warum zu fragen, dann würde ich am Ende in die Freiheit gehen und kein Stück freier sein. Ich sage immer: Jeder Mensch hat seine Bühne, dort, wo er ist. Bei mir ist das meistens tatsächlich eine richtige Bühne. Aber selbst in Momenten wie diesen habe ich eine Bühne. Und Verantwortung, diese zu bespielen.

Über meine Plattform auf den sozialen Medien begann ich, von meiner Erkrankung, von den Herausforderungen, den Krisen und deren Überwinden zu erzählen. Da durfte ich erleben, dass Menschen sich angesprochen gefühlt haben, denn uns geht es doch gerade allen ähnlich. Wir zweifeln, wir haben Angst, wir sind unsicher. Und wir suchen Antworten. Ich bin nicht hier, um zu sagen: «Das ist meine Dunkelheit«, sondern um gerade darin zu zeigen: «Von hier kommt mein Licht!«

Kürzlich telefonierte ich mit Freunden und wurde ermutigt: »Jana, deine Bühne ist vielleicht gerade klein – du sitzt einfach nur zu Hause – aber deine Zuhörerschaft ist groß. Unterschätze das nicht.«

So oft hören wir vom Aussäen und Ernten, aber dass in diesem kleinen Wörtchen »und« Monate, Jahre, viele Momente liegen, dass zwischen dem Aussäen von Samen und dem Sichtbarwerden von Früchten Zeit und Wachstumsprozesse ablaufen, das müssen wir uns wieder bewusst machen.

Wie so oft bleibt eines wahr: Je schneller ich kapituliere, desto eher kann Gott mit mir weitermachen. Wenn ich ankomme in meinen Umständen, kann ich meinen Blick über sie hinwegheben und auf Gott richten. Ich kann ihn fragen: Herr, was willst du mir sagen? Ich habe Zeit, ich höre zu.

Ich glaube, dass die Bibel Gottes Wort und wahr ist. Der Hebräerbrief erzählt mir deutlich, dass es eine Ruhe Gottes gibt und ich eingeladen bin, dort anzukommen. Die Ruhe Gottes war meinem ereignisreichen Leben bisher eher fremd. Wen der Teufel nicht stoppen kann, den treibt er an. Beides – Resignation und Übereifer – entfernen uns von dem, wozu wir eigentlich gerufen sind: dem Sein in der Gegenwart Gottes.

Einfach »sein« klingt so pathetisch und löste in mir bisher immer ein Augenrollen aus. Bis mir der Gedanke kam, dass es mich aufregt, weil es mir schwerfällt. In Stille alleine sein konfrontiert uns mit dem, was eigentlich in uns ist. Doch weil wir das nicht sehen und nicht fühlen wollen, sind wir lieber weg. Unterwegs, im Smartphone, beschäftigt.

Ich glaube, dieses Anhalten der Welt kann Gott wie eine Notbremse nutzen. Eine Gelegenheit, um anzukommen. Was ist eigentlich wichtig? Wie lebt meine Gottesbeziehung, wenn ich nicht jeden Sonntag Input bekomme? Wie lebt sich Gemeinschaft in Zeiten von physischer Distanz? Und wie reagieren wir als Christen, auch in dem, was wir öffentlich weitergeben? Diese Umstände zwingen dazu, existenzielle Fragen neu zu stellen und vielleicht erstmalig mit Taten zu beantworten, anstatt nur mit Worten.

Ich könnte behaupten: In dieser Fastenzeit habe ich darauf verzichtet, meine vier Wände zu verlassen. Ganz schön radikal, oder? Das wäre genauso, als würde jemand mit einer Nussallergie sagen: «In dieser Fastenzeit habe ich kein Nutella gegessen. Ganz schön stark, oder?« Nein, nicht wirklich. Denn die Umstände zwingen dich dazu. Das ist keine innere Leistung, sondern eine äußere Beschränkung. Worauf habe ich also gefastet, wenn nicht auf das simple Rausgehen? Womit habe ich diese Wochen verbracht?

Mehrere Tage habe ich über diese Fragen nachgedacht, bis ich zur Erkenntnis kam: Ich habe aufgehört, Gott aufzufordern, sich vor mir zu rechtfertigen. Ich habe aufgehört, mit

Händen in die Hüfte gestemmt und vor Empörung schnaubend vor meinen Gott zu kommen und ihm mein »Warum?« entgegenzuschmettern. Der Producer meines YouTube-Kanals hat mir einmal in einem Video die Frage gestellt: «Wenn Gott dir gegenüberstünde und du hättest eine Frage frei, was würdest du fragen?« Das hat mich herausgefordert. Was würde ich diesen Gott fragen? Es gibt so vieles, was ich nicht verstehe, was mir einfach wehgetan hat und worin ich im akuten Schmerz keinen Zweck gesehen habe. Aber würde ich meine eine Frage wirklich auf ein »Warum?« verwenden? Ist das wirklich so relevant? Das höchste der Gefühle wäre, dass er es mir erklärt, mir beweist, wozu er mich die ganze Zeit auffordert, es ihm im Vertrauen zu glauben: Dass er einen Plan hat! Einen guten Plan! Was könnte ich darauf schon entgegnen? Nein, an dem Tag, an dem ich vor Gott stehen werde, wird kein »Warum?« kein »Warum ich?« mehr von Bedeutung sein. Wenn ich in diesem Moment nicht vor Ehrfurcht verstumme und auf die Knie falle, dann wird das einzige, was aus meinem Mund herauskommt, unendliches Lob sein. Ich habe dann keine Fragen mehr an einen Gott, der selbst die Antwort ist.

Ich will alles aus seiner Hand annehmen. Alles.

Und so erlebte ich, dass sich mit jeder neuen »positiven Meldung« mein Herz veränderte: Ja Gott, ich wünsche mir, hier rauszukommen, aber solange das nicht geht, glaube ich, dass du mir noch was sagen möchtest, dass du noch was vorhast. Ich hoffe nicht mehr auf das Aufgehen meiner Pläne. Ich vertraue auf dich, Gott.

Nein, Gott beantwortete meine Gebete nicht so, wie ich es erhofft hatte. Aber weil er nicht genauso antwortet wie erbeten, heißt das nicht, dass er die Bedürftigkeit dahinter nicht sieht. Denn das tut er. Er hat einen weiteren Plan, eine größere Perspektive.

Mein erstes YouTube-Video, das 2020 online ging, trägt den Titel »Ich in 10 Jahren« – was ich mir wünsche, worauf ich hoffe. Ich erzähle darin, dass man nur, wenn man wisse, wo man hinwolle, Schritte in diese richtige Richtung gehen könne. Und dass die Frage, wo man am Ende seines Lebens ankommen wolle, eine sei, die man sich heute stellen sollte. Ich erzähle, wie wichtig mir Beziehungen sind und dass kein geschriebenes Buch und kein absolviertes Examen der »Erfolg« seien, nach dem ich ultimativ strebe.

Aber mein ganzes Leben sah anders aus. Mein Terminkalender platzte. Bis alle meine Termine platzten und sieben Wochen Wüste begannen. Sieben Wochen »fasten«, sieben Wochen Zeit zum Ankommen. Ich glaube, dass Gott uns manchmal ausgrätscht, damit wir erkennen, dass auf den Knien der exakt richtige Ort für uns ist.

Es war eine Zeit, in der ich Gott erwartet habe. Und zum Erwarten gehört das Warten. Ich bin überzeugt: Warten ist nicht passiv. Warten ist hochaktiv. Wie verbringen wir die Zeit in den Warteräumen, in den Backstagebereichen unseres Lebens? Sind wir frustriert, ungeduldig, wollen wir, dass es endlich losgeht, aber dann, wenn wir aufgerufen werden, merken wir, dass wir die Zeit nicht genutzt haben? Oder bereiten wir uns vor auf unseren *curtain call*? Ich möchte eine Frau sein, die bereit ist, wenn Gott sie weiter ruft.

Sieben Wochen später und ich laufe befreit in die Freiheit. Ich bin verändert. Aus meiner Hoffnung wurde Zuversicht.

Meine Lebenspriorität der Beziehungen – zu meinem Gott und meinen Mitmenschen – ist gerade in dieser Zeit der Isolation neu aufgelebt. Jeden Tag hatte ich Verabredungen zum *Facetimen* und lebte mehr Freundschaften als jemals zuvor. Physische Distanz muss uns nicht entfernen und das Alleinsein muss nicht einsam machen.

Jeden Tag hatte ich auch mehr als genug Zeit für mein Gespräch mit Gott: Ein Gespräch, in dem ich nach dem »Amen« auch wirklich mal zuhöre.

Jana Highholder ist Medizinstudentin, Influencerin und Sprecherin. Auch abseits von Bühne und Schreibtisch liebt sie Jesus und Gemeinschaft bei richtig gutem Kaffee. Sie hofft auf 'ne nice Zukunft – mit Mann, Kindern, Doktortitel und einem doppelten Latte Macchiato.

TIPPS UND TRICKS

JOHANNES HARTL

»Oh mein Gott, mir fällt die Decke auf den Kopf!«

Das war mein erster Gedanke, als ich hörte, dass ich in Quarantäne muss, und das, obwohl ich mich nicht mal mit dem Coronavirus angesteckt habe. Tatsächlich habe ich das Virus auch nicht bekommen, sodass ich nach einiger Zeit schon wieder rausdurfte. Dennoch erlebte ich die folgenden Tage durchaus als krisenhaft. Es war zwar nicht die erste Krise meines Lebens, doch zum ersten Mal war ich so mit dem Thema Isolation konfrontiert. Und ein paar Dinge habe ich daraus gelernt.

So eine Zeit ist nicht einfach – wenn Uni und Arbeit ausfallen, Veranstaltungen abgesagt werden, soziale Kontakte vermieden werden sollen, man alleine in Isolation zu Hause sitzt. Da ist die Versuchung groß, einfach so in den Tag hineinzuleben, nur auf der Couch rumzuhängen und sich Netflix reinzuziehen. Aber ich bin überzeugt: Das macht dich letztendlich nur depressiv, weil diese Zeit nicht fruchtbar wird für dich.

Deshalb möchte ich dir 20 Tipps geben, wie du diese Zeit der Isolation für dich sinnvoll nutzen kannst. Vielleicht fordert dich der ein oder andere Ratschlag heraus. Aber ich glaube, dass in jeder Krise eine Chance steckt. Wenn du dir das bewusst machst und dich dafür entscheidest, wird es dir bedeutend leichter fallen, mit einer solchen Krisenzeit psychisch, mental und geistlich umzugehen.

1. Lass dich nicht hängen! Gib deinem Tag eine Struktur: Geh rechtzeitig und zu einer festen Zeit ins Bett und stehe auch rechtzeitig wieder auf. Es ist gut für unsere Psyche, wenn wir uns einen Wecker stellen und nicht einfach nur in den Tag reinleben.

2. Folge einem festen Tagesplan. Das hat sich sogar bei Leuten bewährt, die lange unter den schrecklichsten Bedingungen in Einzelhaft waren. Ein fester Zeitplan für jeden Tag hilft der Psyche, sich zu ordnen und innere Energien hochzuhalten. Mach dir einen Plan, wann du was tun möchtest, und halte dich an diesen Plan.

3. Beginne jeden Tag mit einer festen Routine. Wie dein ganzer Tag verläuft, hängt stark davon ab, wie die erste Stunde verläuft. Was ist deine Morgenroutine, wenn du sonst zur Uni oder ins Büro musst? Machst du dich schön? Was ziehst du an? Wofür nimmst du dir Zeit?
Vielleicht denkst du dir jetzt: Es ist egal, wie ich zu Hause aussehe. Ich kann auch nur in Jogginghosen rumhängen. Ich möchte dich dazu ermutigen, deine feste Morgenroutine beizubehalten. So wie du morgens in den Tag startest, wird sich das auf den ganzen Tag auswirken.

4. Treibe täglich Sport. Es gibt jede Menge Sportarten, denen man auch in einer Quarantäne-Situation nachgehen kann. Du kannst rausgehen, wandern oder joggen. Es gibt im Internet aber auch jede Menge Workouts für dich zu Hause. Mache jeden Tag Sport, damit du deine Gesundheit erhältst und fit bleibst.

5. Nimm dir für diese Zeit anspruchsvolle Lektüre vor. Ich weiß: Die wenigsten Leute bevorzugen anspruchsvolle

Lektüre. Aber gib deinem Hirn Futter. Bestell dir gute Bücher – nicht nur irgendwelche Science-Fiction-Romane, die dich einfach nur unterhalten, sondern lies Klassiker, lies Sachbücher. Überlege dir, welche Bücher du schon immer mal lesen wolltest. Und nimm dir vor, diese Bücher auch wirklich zu studieren. Nimm dir jeden Tag Zeit dafür – am besten am Vormittag, wo deine Aufmerksamkeit noch am besten ist.

6. Wenn möglich, verbringe am Tag mindestens eine Stunde in der Natur. Das ist natürlich abhängig davon, welche Vorschriften du einhalten musst. Wenn du strikt im Zimmer bleiben musst, dann hilft es schon, wenn du immer wieder aus dem Fenster schaust. Oder vielleicht du hast einen Balkon oder eine Terrasse, wo du frische Luft schnappen kannst. Zeit in der Natur zu verbringen und rauszugehen hat positive Auswirkungen auf deine Psyche. Der Vitamin-D-Bedarf wird zum großen Teil durch Sonnenbestrahlung abgedeckt. An der frischen Luft zu sein und Sonne auf der Haut zu spüren, ist erwiesenermaßen sehr gut für die Psyche – gerade in Krisenzeiten!

7. Beschränke die Zeit, in der du Video schaust oder zockst. Netflix & Co. sind an sich nicht das Problem. Aber wenn du dich darin verlierst, kannst du keine gute innere Struktur mehr halten und dein Tag ist dahin. Setze dir ein Zeitfenster, zum Beispiel am Abend, wo du dir Videos anschaust oder am Computer spielst.

8. Verzichte auf Pornos. In Italien hat ein großer Porno-Anbieter Videos kostenlos zur Verfügung gestellt. Aber Pornos sind kontraproduktiv. Sie halten dich in einem imaginären Strudel gefangen. Mach dir klar: Das ist keine wirkliche Befriedigung deiner Sehnsucht nach Nähe und

Intimität (was ja im Prinzip gute Sehnsüchte sind). Sondern es ist lediglich ein Kurzschluss, der süchtig macht. Pornos sind nicht gesund für dein Gehirn. Ich möchte dich ermutigen, gerade in dieser Zeit entschieden auf Pornos zu verzichten.

9. Verabrede dich stattdessen mit guten Freunden zu einem Videochat – und zwar mit Freunden, bei denen du nicht immer stark sein musst. Wenn es dir schlecht geht, sprich mit anderen darüber. Du brauchst Leute, bei denen du dein Herz ausschütten kannst.
Überlege dir für jeden Tag mindestens eine Person, die du anrufen kannst – sei es ein guter Kumpel, jemand, den du schon lange nicht mehr gesehen hast, oder deine Großeltern. So kannst du diese Zeit ganz bewusst nutzen. Während meiner Quarantäne-Zeit habe ich mich einmal per Skype mit einem Freund verabredet, der wie ich auch in Quarantäne war. Wir haben gemeinsam gegessen, eine Flasche Wein aufgemacht und eine virtuelle kleine Party gefeiert. Wir hatten einen tollen Abend zusammen. So was kannst du auch machen. Gute Gespräche, zusammen spielen und sogar ein Bierchen trinken – so vieles kannst du weiterhin mit deinen sozialen Kontakten über Videochat machen.

10. Halte Ordnung und Sauberkeit in deiner Wohnung. Das hört sich banal an, ist es aber nicht. Wenn du deinen Schreibtisch, dein Bett und deine Wohnung zumüllst, kannst du deine Gedanken auch weniger ordnen. All die Dinge, die bei uns rumliegen und die wir nicht wegwerfen, belasten unsere Seele. Vielleicht ist es an der Zeit für dich, einen ordentlichen Frühjahrsputz zu starten und in deinem Zuhause Ordnung zu schaffen?

11. Plane jeden Tag eine Stunde ein, in der du Zeit mit Gott verbringst, betest oder meditierst. Der Tag hat 24 Stunden – stresse dich nicht zu sehr, sondern komme auch mal zur Ruhe. Egal, wie du geistlich drauf bist und was du glaubst, ob du meditierst, einfach still wirst, eine Kerze anzündest und betest – nimm dir Zeit, für dich und Gott. Eine Zeit der Einkehr und Stille, wo du aus dem Gedankenkarussell aussteigst. Es gibt viele Möglichkeiten und Hilfen, wie du beten oder meditieren kannst. Schau mal ins Internet oder in Bücher und such dir raus, was am besten zu dir passt. Der Mensch lebt nicht nur vom Brot allein. Du hast auch einen Geist, den du in dieser Zeit fördern kannst.

12. Ich glaube, dass in der Bibel wie in keinem anderen Buch überhaupt der Charakter und das Wesen Gottes offenbart werden. Für viele ist die Bibel ein Buch mit sieben Siegeln und vielen seltsamen Sachen drin. Die Bibel ist ein Buch und erschließt sich im Kontext.

Ich hoffe nicht, dass du so lange in Quarantäne bleiben musst, wie es dauert, einmal die ganze Bibel durchzulesen. Aber jeden Tag eine Stunde die Bibel zu lesen, das ist machbar. Wenn du nicht weißt, wo du anfangen sollst, dann fange entweder ganz am Anfang der Bibel an, also 1. Mose 1, oder starte im neuen Testament bei Matthäus 1. Dort findest du die ganzen Geschichten über Jesus.

Mit tut die Bibel gut, sie nährt meinen Geist und schenkt mir Hoffnung. Auch du brauchst etwas, das deinen Glauben nährt und dir Hoffnung schenkt.

13. Lebe für diesen einen Tag, nicht für morgen. Nimm dir vor, was du bis heute Abend schaffen kannst. Und dann kommt ein neuer Tag. Du kannst nur Tag für Tag leben.

14. Erstelle dir eine Dankbarkeits-Liste. In der Krise ist die Gefahr groß, dass wir nur noch auf die Dinge schauen, die uns schlimm erscheinen. Schreibe dir für diese Zeit jeden Tag mindestens 10 Sachen auf, für die du heute dankbar bist. Wir werden oft um so viel Freude beraubt, weil wir immer wieder vergessen, uns an die guten Dinge im Leben zu erinnern.

15. Worauf liegt dein Fokus? Mitten in der Krise denkst du nicht objektiv. Trau deinen eigenen Gedanken nicht. Sie werden von deinen Gefühlen bestimmt. Triff in dieser Zeit keine wichtigen Lebensentscheidungen. Sondern überlege rational, tausche dich mit anderen Leuten aus. Aber trau deinen Gedanken nicht, wenn es in dir tobt. Komm zur Ruhe, atme tief durch und mach dir bewusst, dass du nicht alle Probleme sofort lösen musst.

16. Im Hier und Jetzt gibt es immer ein bisschen Frieden. Vergangenheit und Zukunft bedeuten für uns oft Stress. Gerade jetzt auch in der Corona-Krise kannst du dir Gedanken machen, was mit der Wirtschaft, was mit unserem Land noch passieren wird, was alles noch auf uns zukommt. Es ist wirklich beängstigend. Aber viele Menschen in der Menschheitsgeschichte sind schon durch erheblich schlimmere Zeiten gegangen. Das Leben wird irgendwie weitergehen und im Hier und Jetzt hast du die Möglichkeit, Frieden zu finden. Und alles andere wird sich im Nachhinein zeigen.

17. Du bist für deine Emotionen verantwortlich. Das ist besonders wichtig, wenn du mit anderen Leuten zusammen in einem Haushalt lebst. Du solltest nicht all deinen Frust, all deine Trauer und deinen Schmerz ungefiltert an

anderen auslassen. Damit machst du anderen das Leben zur Hölle. Zwischen Reiz und Reaktion ist der Raum deiner Freiheit.
Es gibt viele Dinge, die wir nicht unter Kontrolle haben, und das fühlt sich manchmal schlimm an. Dass dein Geschäft den Bach runtergeht, dass eine Veranstaltung abgesagt wurde, dass du das Semester verpasst, dass eine Beziehung scheitert oder dass du krank wirst. Aber worüber du zumindest ein ganzes Stück Kontrolle hast, ist, wie du drauf reagierst, und dafür bist du verantwortlich. Mach es mit dir selber aus, wenn du genervt oder wütend bist, und belaste deine Freunde, deinen Partner oder deine Kinder nicht damit. Übernimm Verantwortung und überlege dir genau, was du wie kommunizieren möchtest und wer das gerade ertragen kann.

18. Sei kreativ oder lerne etwas Neues. Male oder bastle, koche etwas Leckeres, schreib ein Buch oder Gedicht, erfinde eine Kindergeschichte, nähe ein Kleidungsstück. Interessiert dich Grafikdesign? Oder Fotos machen? Oder fang an, eine neue Fremdsprache zu lernen. Oder ein Musikinstrument. Für fast alles gibt es im Internet Tutorials.
Was könntest du in zwei Wochen Neues lernen, das du noch nicht kannst? Wo möchtest du dich verbessern? Welche Fähigkeiten willst du ausbauen?

19. Gott hält deine Wut, deine Enttäuschung und deine Einsamkeit aus, also: Bring sie ihm. Sprich mit Gott darüber. Das klingt wie ein frommer Spruch. Aber es ist kein frommer Spruch. Gott ist wirklich nahe, auch und gerade in Krisenzeiten. Millionen von Menschen haben erlebt, dass Jesus ernst meint, wenn er sagt: »Komm zu mir, wenn du schwere Lasten trägst«.
Und du kannst zu Jesus kommen mit deinem Frust, mit

deiner Wut, mit deiner Enttäuschung. Nicht jedes Wunder, dass wir uns erhoffen, geschieht gleich. Aber allein dadurch, dass du aus deinen Emotionen und Gedanken ein Gebet formst, bleibst du nicht mehr bei dir selbst und in dem Kreisen um dich. Vielleicht fängst du an, an andere Menschen zu denken, denen es vielleicht noch schlechter geht als dir. Du kannst in dieser Zeit auch bewusst für andere Menschen beten, in unterschiedlichen Krisensituationen. Ich glaube, dass Gebet essenziell im Leben für jeden Menschen ist. Für ein heiles und gesundes Herz braucht es diese Verbindung nach oben. Gott hält deinen Frust und deine Einsamkeit aus.

20. Vergiss nicht: Diese Zeit wird einmal zu Ende sein. Und diese Zeit kann dir zum Nutzen werden. Denk einmal zurück – hast du schon mal eine andere Krise durchlebt, einen Job nicht bekommen oder eine Beziehung ist zerbrochen, ist jemand aus deiner Familie gestorben, hast du eine Krankheit überwunden? Kannst du darauf zurückblicken und trotzdem sagen, dass du daraus etwas gelernt hast? War es nur vergeudete Zeit? Oder war diese Zeit in irgendeiner Weise wichtig für dich?
Auf diese Zeit jetzt wirst du mal genauso zurückblicken. Sie wird enden, egal, wie viele Wochen es noch dauert. Du musst nur immer einen Tag leben. Tag für Tag.
Ein chinesisches Sprichwort besagt: »In der Dunkelheit ist es besser, eine Kerze anzuzünden, als über die Dunkelheit zu klagen«. Ja, wir haben viel zu klagen. Aber mit diesen 20 Tipps kannst du in deinem Leben Verantwortung übernehmen und diese Quarantäne überstehen.
Ich bin überzeugt, dass Gott dir für diese Zeit Kraft geben wird. Du bist nicht allein. Verbinde dich mit deinen Freunden, suche dir Hilfe, strukturiere deinen Tag. Dafür wünsche ich dir viel Kraft.

Meine Zeit in Quarantäne ist zu Ende gegangen. Nach den ersten Tagen in strenger Isolation wurde es dann ein wenig lockerer, aber es war trotzdem eine herausfordernde Zeit für mich. Diese Tipps haben mir geholfen und ich glaube, sie können auch dir helfen. Ich bete, dass der Friede Gottes dein Herz erfüllen möge.

Dr. Johannes Hartl, Gründer und Leiter vom »Gebetshaus Augsburg«, Genießer, der hofft, dass ihm irgendwann mal so richtig langweilig ist. Doch irgendwie kommt diese Zeit auch trotz Quarantäne nie.

ÜBERRASCHT VON HOFFNUNG

ELKE WERNER

Wir alle lieben angenehme Überraschungen. Und das Leben bietet viele davon: ein unerwarteter Besuch, eine Gehaltserhöhung, die Ankündigung einer Geburt, eine glückliche Wendung in schweren Umständen ... wer würde sich da nicht freuen? Doch es gibt Überraschungen, die wir nicht lieben und die uns in Unsicherheit stürzen. So kann sich das Leben innerhalb von wenigen Minuten, ja Sekunden komplett verändern. Die Kündigung der Arbeitsstelle oder des Mietvertrags, eine Diagnose, die die Lebenserwartung verändert, Betrug oder Verleumdung – all das sind böse Überraschungen.

In der Zeitschrift *New Scientist* wurde am 17. Januar 2009 der Begriff Überraschung definiert als »Wechsel der Erwartung aufgrund des Eintreffens neuer Daten«. Und genau das erleben wir gerade in den Corona-Zeiten. Ein gefährliches Virus verbreitet sich mit unvorstellbarer Geschwindigkeit weltweit und wir alle erwarten ständig die neuen Daten, um entsprechend unser Verhalten zu ändern. Aber ändern wir auch unsere Erwartungen?

Es ist leichter, sich auf der Verhaltensebene zu ändern – also einen Mundschutz zu tragen, die Hände noch einmal gründlicher zu waschen als wir das bisher vielleicht getan haben, den Abstand zu wahren und Kontakte zu reduzieren –, als sich mit den eigenen Erwartungen an das Leben an sich und vor allem an das eigene Leben zu beschäftigen. Was erwarte ich in und von meinem Leben? Und was erwarte ich von Gott in meinem Leben? Ändern die Corona-Daten etwas an meiner Beziehung zu Menschen und zu Gott?

Covid-19 hat uns alle kalt erwischt. Wir hatten doch alles so gut im Griff! Unser Leben im Wohlstand, abgesichert in einem uns wohlwollenden Staat mit hervorragendem Gesundheitswesen und einem umfassenden Sozialsystem. Wir kannten uns aus in unserem Alltag mit der beruflichen und familiären Herausforderung, unsere Freizeit- und Urlaubsplanung stand fest und weckte Vorfreude. All das war von der Erwartung auf ein schönes und sich hoffentlich immer weiter verbesserndes Leben geprägt. Doch dann kam Corona … und eine böse Überraschung nahm ihren Anfang.

Für manche Menschen ist dies vielleicht die erste bedrohliche Krise im Leben. Neu für uns alle ist, dass es eine Gefährdung ist, die alle Länder der Welt gleichzeitig betrifft. Wir werden nun rund um die Uhr an diese Bedrohung erinnert. Die Medien versorgen uns mit Daten, Statistiken sowie Bildern von Patienten auf den Intensivstationen in aller Welt.

Diese erschreckenden Bilder haben mich persönlich an meine eigenen Aufenthalte im Krankenhaus und auf solchen Stationen erinnert. Da war sie wieder: die Angst vor der Hilflosigkeit, dem Ausgeliefertsein, das ich von diesen Aufenthalten nur allzu gut kenne. Einer Krankheit ausgeliefert zu sein, ja, sogar seinem eigenen Körper, der nicht mehr das tut, was man von ihm wünscht, ist schwer auszuhalten. Weder mit dem eigenen Willen noch mit guten Gedanken kann man seinen eigenen Körper von der Krankheit und sich selbst aus der Situation befreien. Das ist kaum zu ertragen, vor allem für jemanden wie mich, die gerne die Dinge vorausschauend plant und die Kontrolle darüber behält. Beim Anschauen der Bilder im Fernsehen muss ich mich beherrschen, damit ich mich nicht zu sehr in die beatmeten Patienten hineindenke, die ich im Fernsehen auf dem Bauch liegend sehe, umgeben von Schläuchen und Maschinen, von Menschen in Schutzkleidung und mit Mundschutz.

Erinnerungen an meinen einige Wochen andauernden Aufenthalt auf einer Isolierstation werden lebendig. Ich lag dort aufgrund einer Krebsdiagnose, gekoppelt mit einer Salmonellen-Erkrankung. Ich erinnere mich, wie ich mich danach sehnte, Gesichtszüge hinter den Masken zu erkennen und ein Lächeln oder auch nur das Zucken der Mundwinkel zu sehen, wenn ich mit einer Krankenschwester oder einem meiner Besucher sprach. Diese lebensbedrohlichen Zeiten liegen für mich schon länger zurück. Doch ihre Spuren in meinem Leben sind da und melden sich jetzt wieder lautstark. Es scheint, als ob Corona Ängste in mir aufweckt, die ich schon lange vergessen glaubte. Hat Gott denn meine Ängste noch immer nicht geheilt? Wieso tappe ich so schnell wieder in diese Falle der Angst?

Die Tage vergehen schnell in dieser Corona-Zeit, auch wenn sich an den äußeren Umständen nichts verändert. Ich merke, wie meine Angst wieder nachlässt. Es ist, als ob mit der fallenden Zahl von Infektionen und Todesfällen das Virus seine Macht über mich verliert. Ich gewöhne mich an das Leben mit reduzierten Sozialkontakten, an den nun frei einteilbaren Tagesablauf ohne Termindruck, ohne durch vorher vereinbarte Zeiten gebunden zu sein. Ich freue mich über Zeit zum Lesen und Schlafen, ich fange an, die alltägliche Routine im Haushalt zu genießen. Alles Dinge, die ich viele Jahre so nicht erlebt habe, denn mein Kalender war ausgebucht und meine Tage mit vielen Reisen, Vorträgen, Predigtdiensten in verschiedenen Ländern der Welt gefüllt.

Ich gebe zu: Dieses neue Leben gefällt mir. Mein Mann ist zu Hause – der sonst auch viel reist und unterwegs zu Sitzungen und Verkündigungsdiensten ist – und wir genießen die gemeinsame Zeit. Ich habe mich daran gewöhnt, dass ein jüngerer Freund für uns einkaufen geht, dass wir keinen Besuch bekommen und auch keinen machen, dass wir per Zoom und WhatsApp mit Freunden und Verwandten verbunden sind, dass unsere Gottesdienste uns über den PC erreichen. Und ich ertappe mich dabei, dass ich gerne einige Teile dieses Lebens beibehalten würde: Aufstehen und schlafen gehen, wann ich es will. Kochen und essen, worauf ich gerade Lust habe (das mit dem Speiseplan ist bei den vielen Reisen, besonders in asiatische Länder, eine echte Herausforderung für mich). Jetzt kann ich lesen und fernsehen bis zum Abwinken.

Doch eine Frage beunruhigt mich: Wo ist Gott in dem allen? Wo bleibt Gott in meinem Leben, wenn ich nicht mehr für ihn unterwegs sein kann? Reicht es aus, dass ich viele Telefonate mit Menschen führe, die gerade an ihre Grenzen stoßen? Dass ich Artikel schreibe und mehr für Familie und Freunde bete? Theoretisch weiß ich und verkündige es voller Überzeugung allerorts: Gott liebt mich, auch wenn ich nichts für ihn tun kann. Ich kann mir das Geschenk der Nähe Gottes nicht verdienen. Und jetzt, wo ich wirklich nichts für Gott tun kann, werde ich unsicher. Was ist mit meinem in meinen Augen so wichtigen Dienst für Gott? Ist das alles überflüssig? Zählt es gar nicht für Gott, dass ich um die halbe Welt reise, Schlafmangel und Krankheiten in Kauf nehme, ständig im Auto, Flugzeug oder Zug sitze, um meinen Dienst wahrnehmen zu können? Warum mache ich das alles eigentlich?

Sicher, meine Arbeitssituation ist nicht mit der von vielen anderen zu vergleichen. Ich habe keinen »Alltag«. Jeder Tag ist anders. Als Frauenbeauftragte der weltweiten Lausanner Bewegung bin ich privilegiert, an viele Orte dieser Welt zu reisen und Frauen zu ermutigen. Während ich diese Zeilen schreibe, wäre ich eigentlich zu einer Frauenkonferenz in Baku, Aserbaidschan, unterwegs. Die nächste Reise würde nach Rumänien gehen. Doch das alles findet jetzt nicht statt. Vorträge bei Frühstückstreffen sind gestrichen, ebenso die Verkündigung bei einer Pfarrfrauentagung in Hessen.

Auch wenn mein Leben anders verläuft als das von vielen Menschen, denke ich, dass viele sich gerade ähnliche Fragen stellen: Braucht die Welt mich und meine Arbeitskraft eigentlich? Bin ich austauschbar, ersetzbar? Kurzarbeit, Arbeitslosigkeit … das alles kann einem den Boden unter den Füßen wegziehen. Und wieder erinnere ich mich, diesmal an meinen Abschluss der Ausbildung für das Lehramt an Haupt- und Realschulen. Allen Absolventen meines Jahrgangs wurde Anfang der 1980er-Jahre vom Arbeitsamt mitgeteilt, dass wir keine Chance auf eine Anstellung in unserem Beruf hätten, auch längerfristig nicht. Ich erinnere mich an dieses Gefühl, überflüssig zu sein, nicht gebraucht zu werden.

Dabei stellte sich mir damals wie heute die Frage: Braucht Gott mich oder ist es nur so, dass ich es brauche, gebraucht zu werden? Liebt er mich, auch wenn ich nicht mehr tun kann, als abzuwarten? Wenn die Seiten in meinem Terminkalender leer bleiben? In diese Gedanken hinein überrascht mich Gott mit seiner Gnade. Es ist Gnade, dass es bei meinem Glauben nicht auf meine Leistung ankommt. Es ist dieselbe Gnade, die mir meine Schuld und meine Versäumnisse vergibt. Es ist Gnade, dass ich leben darf und gesund bin. Gnade, dass ich in einem Land leben darf, in dem ich gut versorgt bin.

Es mag sein, dass die schöne Jahreszeit des Frühlings mithilft, die Schwere der Corona-Gefahr abzumildern. Die Natur erwacht und mit ihr auch die Freude am Leben. Vogelstimmen, bunte Farben, Wachstum, wo das Auge hinsieht … all das tut der Seele gut. Doch reicht das aus, um mir Hoffnung zu geben? Hoffnung ist grundsätzlich anders als Wunschdenken, als der Traum vom nächsten Urlaub, als die Vorstellung der wiederhergestellten Normalität nach dem Sieg über Covid-19. Hoffnung, die mich immer wieder selbst überrascht, ist wie ein fester Punkt ganz tief in meinem Herzen. Mitten im Sturm der Gedanken ist sie das Auge im Sturm, der feste Punkt des Glaubens an Gottes Liebe tief in meinem Innern.

Meine Hoffnung hat ein festes Fundament und das gibt mir in allen Stürmen des Lebens eine Festigkeit, die mich selbst überrascht. Mein Glaube und meine Hoffnung gründen sich nicht auf äußere Umstände oder auf meine eigene Resilienz, meine Widerstandsfähigkeit, meine innere Stärke, meine Gesundheit oder meine Schaffenskraft. Meine Hoffnung ruht auf dem, was Jesus Christus schon für mich getan hat.

In Jesus finde ich den Beweis der Liebe Gottes. Er hat mich nicht theoretisch geliebt, sondern so sehr, dass er seinen Sohn Jesus auf die Erde geschickt hat, der für mich am Kreuz gestorben ist und damit alle Schuld auf sich genommen hat. In seiner Auferstehung nach drei Tagen im Grab ist meine Hoffnung, dass auch ich mit ihm auferstehen werde nach meinem Tod.

Bei dieser Hoffnung geht es nicht um meine Gefühle. Begründete Hoffnung beruht auf den Fakten, die durch Kreuz und Auferstehung ein unumstößliches und von keiner Krise gefährdetes Fundament gelegt haben: Das Leben siegt über den Tod. Wer sich mit Jesus verbindet, der wird leben, auch wenn er stirbt. So sagt es Jesus, nachzulesen im Bericht des Johannes, wo Jesus zu Marta, deren Bruder vor wenigen Tagen gestorben ist, sagt:

> *Ich bin die Auferstehung und das Leben. Wer an mich glaubt, wird leben, auch wenn er stirbt. Er wird ewig leben, weil er an mich geglaubt hat, und niemals sterben. Glaubst du das, Marta? (Johannes 11,25-26)*

Diese Frage ist wichtig: Glaube ich das? Die Nachricht, dass Jesus den Tod überwunden hat, und dass wir deshalb im Leben und im Sterben bei ihm geborgen sind. Und dass wir mit ihm in Ewigkeit leben werden.

Diese Nachricht ist so wichtig, dass sie jeder Mensch hören sollte. Meine Hoffnung ist nicht die auf bessere Zeiten, auf Gesundheit und Wohlstand. Meine Hoffnung geht über den Tod hinaus, ja, sie hat in Jesus selbst schon den Tod überwunden. Wenn ich mir das vor Augen führe, wächst auch in mir die Hoffnung, dass ich schon bald wieder unterwegs sein werde, um Menschen auf dieses Fundament hinzuweisen.

Denn niemand kann ein anderes Fundament legen als das, das schon gelegt ist – Jesus Christus. (1.Korinther 3,11)

Das ist die Hoffnung, die bleibt. Die Hoffnung, die mich immer wieder neu überrascht und zum Staunen bringt.

Elke Werner, Referentin und Autorin, verheiratet mit Roland, hofft auf die Erfindung von Schokolade ohne Kalorien.

GOTT DER HOFFNUNG

ANDREAS BOPPART

Als Teenager hatte ich zwei, drei Jahre, in denen mein Körper einen massiven Wachstumsschub machte. Innerhalb kürzester Zeit schraubte er sich mehrere Zentimeter in die Höhe, was Gliederschmerzen zur Folge hatte. Und Schmerzen an der Stirn. Denn weil ich die Kräfte meines Körpers neu justieren musste und im Turnunterricht bei Bremsversuchen nicht mehr rechtzeitig stoppen konnte, grüßte meine Stirn ab und zu mal akustisch vernehmbar die Sprossenwand.

Es scheint, als würde die Welt momentan in einem ähnlichen Entwicklungsschub stecken. Immer wieder kann man in der Geschichte beschleunigte Entwicklungsdynamiken entdecken, die dazu geführt haben, dass innerhalb kürzester Zeit die Welt »danach« nicht mehr dieselbe war wie die Welt »davor«. Meine Kinder wenden manchmal, wenn meine ermahnenden Worte für sie unangenehm sind, die Taktik des Aussitzens ab. Sie warten dann einfach, bis der Sturm vorbeigezogen ist, und machen nachher unbeschwert da weiter, wo sie vorher unterbrochen worden waren. In Zeiten von radikalen Umschichtungen mit so globalem Ausmaß, wie wir sie 2020 erleben, funktioniert diese Taktik jedoch nicht mehr. Wir können nicht einfach zurück, weil das Altbekannte in der bisherigen Form womöglich nicht mehr existiert – und wir bei manchen Gewohnheiten wohl auch ein Erwachen durchleben, sodass wir letztendlich gar nicht mehr dahin zurückwollen.

Corona hat die Welt ins Taumeln gebracht und gleichermaßen Egoismus wie Solidarität an die Oberfläche geschleudert. Während einige sich selbstlos aufopfern, flüchten sich andere in Toilettenpapier-Hamsterkäufe. Einige reden besorgt vom Ende, andere feiern entspannt das Nicht-mehr. Es fühlt sich an, als hätte die Welt zu einem Selbstgesundungsprozess angesetzt. Denn plötzlich sind Dinge möglich geworden, die wir vorher nicht hinbekommen haben, wie zum Beispiel weniger Fliegen, mehr Umweltschutz, sauberere Luft und erholte Natur. Termine und Veranstaltungen werden gecancelt, man ist plötzlich irgendwie näher bei sich. Corona erinnert uns wie der erste Frühlingseinbruch nach einer Eiszeit, dass selbst unveränderlich scheinende Dinge nicht in Stein gemeißelt sind und Veränderung möglich ist. Wenn man will. Oder muss.

Am stärksten jedoch haben die Eruptionen der Krise eines freigelegt: die Hoffnung. Oftmals vom Leben verschüttet, ist sie wohl die vorwärtstreibendste und gleichzeitig die am meisten unterschätzte Lebenskraft, die uns Menschen gegeben ist.

Während Hoffnung Leben weckt und zum Blühen bringt, lässt Hoffnungslosigkeit alles absterben. Schlimmster Hoffnungslosigkeit habe ich zum ersten Mal mit schockiertem Erschaudern in einem Slum von Addis Abeba in die Augen geblickt. Es waren die Augen einer Mutter, die uns ihr eigenes Kind mit der flehenden Bitte hinhielt: »Nehmt es mit nach Europa! Hier hat es keine Zukunft!« Diese ungefilterte Essenz an Hoffnungslosigkeit brach mir das Herz, ließ mich tagelang immer wieder weinen – über die Gebrochenheit dieser Frau, die Gebrochenheit dieser Welt, aber noch fast mehr über die Gebrochenheit meines eigenen Herzens, das oft nicht fähig ist, Leid um mich herum wahrzunehmen und Hoffnung hineinzutragen. Die Begegnungen mit den Menschen im Slum und die Begegnung mit meinem Innern ist wohl einer der markantesten Meilensteine meines Lebens: Sie haben in mir eine bis heute ungebrochene Sehnsucht geweckt, als Hoffnungsmensch zu leben.

Hoffnung ist eine von Gott geschenkte Kraft. Sie ist der Nährboden für alles Leben, der Treibstoff unserer Seelen. Wir brauchen Hoffnung zum Leben wie die Luft zum Atmen. Sie ist es im Endeffekt, die mich jeden Morgen neu dazu veranlasst, mein Bett zu verlassen und mich mutig in einen neuen Tag zu stürzen. Damit ich selbst als Hoffnungsmensch Hoffnung geben kann, muss ich erst einmal zulassen, dass sie in meinem eigenen Herzen kultiviert wird. Hoffnung ist ein Pflänzchen, das ich hineinsäen, auf das ich ein Leben lang gut achtgeben und das ich düngen muss. Das geschieht, indem ich mich mit den richtigen Menschen umgebe, indem ich den Blick immer wieder in die richtige Richtung lenke, indem ich meine Hoffnung überhaupt auf das Richtige setze.

Der Grad an Hoffnung oder Hoffnungslosigkeit entscheidet am Ende tatsächlich über Leben und Tod. In meinem Buch *Neuländisch* habe ich über Cannon Walter geschrieben, der 1942 seine Untersuchungen veröffentlicht hat, warum Menschen an nichttödlichen Dingen gestorben sind – wie beispielsweise ein Mann am »Gift« einer – wie sich hinterher herausstellte – ungiftigen Schlange. Basierend auf diesen Untersuchungen ließ der Verhaltensforscher Curt Richter Ratten in einem glattwandigen Gefäß schwimmen. Im Schnitt ertranken sie nach 15 Minuten. Nun rettete er einzelne Ratten kurz vor dem Ertrinken, um sie nach einer kurzen Erholungszeit wieder ins Wasser zu setzen. Diese Ratten schwammen nun nicht nur eine Viertelstunde, sondern hielten ihren Kopf bis zu 80 Stunden über Wasser. Das ist ein unvorstellbarer Faktor von 320. Das einzige, was die Langschwimmerratten von den Kurzschwimmern unterschied, war: Hoffnung! Erstere hatten in ihrem kurzen Rattenleben einmal Hoffnung geschmeckt und das weckte in ihnen eine schier übernatürliche Lebenskraft.

Ähnliche Phänomene konnte man immer wieder auch bei Menschen in ausweglosen Situationen beobachten. In Schweden sind seit den frühen 2000er-Jahren immer wieder Flüchtlingskinder in eine komaähnliche Starre gefallen, sodass sie teils künstlich ernährt werden mussten, nachdem ihre Familien den Bescheid erhalten hatten, dass sie ins Herkunftsland abgeschoben würden. Der Psychiater und Holocaust-Überlebende Bruno Bettelheim beobachtete auch bei Gefangenen im KZ dieses von der Wissenschaft als »Resignation Syndrome« benannte Phänomen. Dieselben Symptome zeigten in den 1980er-Jahren in den USA Flüchtlinge aus Laos. Hoffnungslosigkeit lässt Menschen innerlich absterben. Hoffnung dagegen setzt ungeahnte Kräfte frei.

Chava Ginsburg, eine Jüdin aus Ungarn, die Auschwitz, Bergen-Belsen, Markkleeberg und auch Mengeles Experimente überlebt hat, sagt: »Wenn du deine Hoffnung verloren hast, kannst du keine Kinder in die Welt setzen, nicht heiraten, gar nichts tun. Hoffnung ist das wichtigste Wort der Existenz. Ich habe das Gefühl, gewonnen zu haben – nach all dem, was ich hinter mir habe. Und nun bin ich hier. Und ich glaube an die Menschheit.«[4]

Studien belegen, dass Hoffnung auf unzählige Bereiche unseres Lebens einen signifikanten Einfluss ausübt. Hoffnung spielt eine wichtige Rolle für psychologisches Wohlbefinden und die physische Gesundheit. Hoffnung wirkt sich positiv auf die sportlichen Leistungen von Athleten aus. Untersuchungen haben ergeben, dass Hoffnung bei schweren Krankheiten schmerzlindernd wirkt und die Genesung beschleunigt. Menschen mit Hoffnung haben demnach stärkere Beziehungen, weniger Depressionen und Ängste, sind kreativer in Problemlösungen und erfolgreicher im Studium.

Hoffnung durchdringt jede Zelle des Lebens. Von deiner Hoffnung leben deine Beziehungen, deine Ehe, deine Träume, deine Zukunft und dein Glaube. Dort, wo du das Hoffen aufgibst, werden diese Dinge sterben. Eine Gesellschaft, die nicht

---

4 Quelle: https://www.deutschlandfunk.de/treffen-der-buchenwald-ueberlebenden-hoffnung-ist-das.1773.de.html?dram:article_id=316762 (abgerufen am 19.4.2020).

mehr hofft, wird an sich selbst zerbrechen. Hoffnung hingegen ist eine unergründbare Kraft, die Gott in uns Menschen hineingelegt hat. Es heißt nicht, dass mit Gott alles automatisch immer gut wird, vor allem wird es nicht immer schmerzfrei sein. Aber dank der Hoffnung, die er in uns hineinfließen lässt, gibt es immer einen Weg, der zum Leben führt. Im Rückblick auf mein eigenes Leben kann ich jedenfalls nur bestätigen, dass die meisten positiven Entscheidungen und Entwicklungen nicht nur auf Umstände und meine Fähigkeit zu »schwimmen« zurückzuführen sind, sondern mindestens ebenso auf meine Bereitschaft, zu hoffen.

Hoffnung ist so letztendlich auch der Auslöser für innere Ausgeglichenheit und Zufriedenheit. Der Schweizer Schriftsteller Claude Cueni, der aufgrund gesundheitlicher Probleme bereits seit zehn Jahren in Quarantäne lebt, wurde einmal gefragt, wie er das überlebe. Seine pragmatische Antwort war, man solle sich einfach nicht Dinge von der Speisekarte wählen, die da nicht drauf seien. Ich mag dieses Bild. Man kann nicht in die Dönerbude gehen und dann absolut frustriert sein, weil man da weder sein Lieblings-Coq-au-Vin noch ein Lammkarree mit Safran-Couscous kriegt.

Paulus, ein Meister an Zufriedenheit, schreibt in seinem Brief aus der Gefangenschaft in Rom an die Philipper:

> *Ich sage das nicht etwa wegen der Entbehrungen, die ich zu ertragen hatte; denn ich habe gelernt, in jeder Lebenslage zufrieden zu sein.» (Philipper 4,11;* NGÜ*)*

Was für eine Kracher-Aussage, die mich persönlich gleichermaßen herausfordert wie anspornt! Ich möchte lernen, in allen Lebenslagen dankbar die Speisekarte zu genießen, die vor mir liegt. Das hat auch damit zu tun, dass ich nicht immer auf das »Nicht« blicke, sondern hoffnungsvoll auf das »Ist« und das »Vielleicht einmal«.

Viele Menschen meinen, dass es mit der Welt nur in eine Richtung gehe, nämlich rasant bergab. Alles war früher viel besser, die Jugend anständiger, die Kartoffeln groß wie Melonen und überhaupt. Ich nenne das die Hornhautverkrümmung der Seele, wenn wir mit einem verklärten Blick nach hinten blicken, Dinge großzügig ausblenden und die Vergangenheit mit einem rosaroten Zuckerguss überziehen, während wir Gegenwart und Zukunft nur in Grautönen betrachten.

Hier hat Hans Rosling, ein 2017 verstorbener Professor für internationale Gesundheit, mit seinem Vermächtnis einen wohltuenden Kontrapunkt gesetzt. Er veröffentlichte eine Studie über zahlreiche Bereiche, die sich über die letzten Jahrzehnte global markant verbessert haben – vom Analphabetismus über den Zugang zu Wasser, Nahrung, Elektrizität bis hin zur Ausbildung von Mädchen. Oft scheinen wir – vielleicht infolge der ständigen Berieselung durch mediale Negativbotschaften – schon fast eine Art Immunität gegen Hoffnung und Positives entwickelt zu haben.

Hoffnung ist nicht eine Frage der Umstände, sondern der Blickrichtung. Oder wie es der französische Künstler Henri Matisse formulierte: »Es gibt überall Blumen für den, der sie sehen will.« Wer den Blick nur starr auf die Kuhfladen richtet, kann die Blumenwiese mit dem einzigartigen Sonnenuntergang verpassen. In dem Sinne ist Hoffnung lernbar. Was ist deine Blickrichtung in Zeiten wie dieser? Woher kommt deine Hoffnung? Wie kultivierst du sie in dir? Wo wären Blumen zu entdecken?

In Krisen klammert man sich reflexartig an das, was auf die Schnelle am meisten Hoffnung verspricht. Im deutschsprachigen Raum schien das zumindest zu Beginn der Corona-Krise das Toilettenpapier zu sein. Wahrscheinlich haben nun einige so viel davon zu Hause, dass sie in 50 Jahren, wenn sie die letzte Rolle in die Halterung hängen, ihren Ur-Enkeln noch einmal erklären müssen, wie es kam, dass Toilettenpapier sie gerettet hat, als 2020 die Welt unterging!

Irgendwie ist es aber auch bezeichnend, dass in so einer Zeit, wo unsere Seele am meisten Aufmerksamkeit benötigen würde, all unsere Energie nach hinten zielt. Man kann es auch so deuten: Wenn die Welt untergeht, versuchen viele, einfach nur noch ihren eigenen A … zu retten. So wurde bei Angstgetriebenen Toilettenpapier zum Symbol der Hoffnung. »Wenn ich schon mein Leben verliere, dann trete ich wenigstens sauber ab«, werden sich einige gedacht haben.

In diesem Sinn offenbaren Zeiten großen Drucks immer auch, was in unserem Innersten steckt. Und es muss dich weder überraschen noch erschrecken, dass es sozusagen manchmal auch bei dir die Angst rausdrückt. Es ist wie bei einer Zitrone: Wenn man drückt, kommt das raus, was drin ist. Das ist bei einer Zitrone keine Schokomilch. Wo Angst drin ist, kommt auch Angst raus.

Wenn ich bei der Badewanne, in der meine Mädchen nach einem Waldtag gebadet haben, den Stöpsel ziehe, rauscht alles Wasser durch den Abfluss und zurück bleiben – nebst den Kindern hoffentlich – all die Gegenstände, mit denen sie gespielt haben. Plus eine Dreckschicht. Wenn nun so eine Krise unserer Gesellschaft das Wasser ablaufen lässt, dann bleibt am Boden einiges liegen. Unsere Angst, unsere Sorgen, die Einsamkeit, Misstrauen gegenüber der Regierung oder gegenüber Gott, Wut, Verzweiflung …

Sigmund Freud hat geglaubt, dass wir uns in Krisen einander angleichen. Der Psychiater Viktor Frankl beobachtete als KZ-Insasse in Ausschwitz jedoch: »Dort verschwammen die ‚individuellen Unterschiede' nicht, im Gegenteil: sie traten offenkundiger hervor. Die Menschen haben sich selbst demaskiert, sowohl die Schweine als auch die Heiligen.«[5] Meine bescheidene Erfahrung sagt mir, dass jeder Mensch schweinische wie auch heilige Anteile in sich hat. Der Grad an Hoffnung in uns bestimmt, welches davon zu welcher Zeit und in welchem Ausmaß nach außen drückt. Ob wir egoistisch Toilettenpapier hamstern oder selbstlos Menschen pflegen.

Krisenzeiten sind darum eine gute Gelegenheit, um wahrzunehmen, was genau in uns abgeht. Was genau ist in der Krise auf deinem Badewannenboden sichtbar geworden? Jetzt ist die Zeit, diese Dinge auszusortieren – den Dreck wegzuspülen und nur das in der Wanne zu behalten, mit dem du auch in Zukunft baden willst.

Wichtig ist, dass du gerade mit dem Dreck, der da sichtbar wird, nicht allein bleibst. Genau dafür bietet sich Gott als der Gott der Hoffnung an. Er hilft, dass wir uns nicht nur um das äußere Überleben kümmern, sondern führt uns aus der Angst und den Abgründen unserer Seele hinaus auf die Wiese der Hoffnung. Dahin, wo Hoffnungsmenschen wachsen.

Krisen werden dich am Ende in eine von zwei Richtungen treiben – verletzt, frustriert und wütend von Gott weg oder trostsuchend und aufgebend direkt in seine Arme. Gott wird in solchen Situationen entweder zur Projektionsscheibe oder zum Trostpunkt. Während das Coronavirus die Welt ins Wohnzimmer verbannte, fand ich mich urplötzlich am Bett des knapp siebenjährigen Sohnes von Freunden wieder. Völlig unerwartet war er viel zu früh aus dem Leben gerissen worden und lag nun da, als würde er jede Sekunde wieder zu atmen beginnen. Der Anblick schnürte mir das Herz ab. Es war ein Moment der Sprachlosigkeit, des Stillstandes, der Dunkelheit.

Auf dem Nachhauseweg rang ich mit Gott und die Frage stieg auf, wo in solchen Momenten die Hoffnung noch Platz

5 Übersetzt nach: Viktor Frankl: Man's search for meaning. The classic tribute to hope from the Holocaust. Published 2008 by rider (first published 1946), S. 154.

hat. Die Frage ist aber nicht, ob man noch hoffen darf – vielmehr muss man hoffen! Es geht dabei nicht darum, Schmerz weichzuspülen oder Leid zu unterdrücken. Es ist auch normal, dass wir, konfrontiert mit der Fratze des Schmerzes, das Aufblitzen des Lichtes am Horizont nicht immer wahrnehmen können. Aber es ist eine unerträgliche Hoffnungslosigkeit, wenn wir das Leben nur im Hinblick auf das Jetzt verstehen. Der Blick an den Horizont lässt die Trauer nicht verschwinden – aber er bringt einen hoffnungsvollen Klang hinein, dass das letzte Wort noch nicht gesprochen ist. Dass dieser kleine Junge jetzt schon sieht, was ich bisher nur glauben kann. Es ist der hoffnungsvolle Horizont, den Christus am Kreuz für uns alle aufgerissen hat. Er signalisiert uns, dass unerträgliche Dinge gar nicht tragbar sein müssen, sondern dass wir sie bei ihm deponieren dürfen – mit allem Schmerz und Unverständnis.

Genau in diese Situation hinein hat mir ein Freund einige Zeilen aus seiner Karfreitagspredigt geschickt. Das Kreuz von Christus habe die Bedeutung von Schmerz und jeglicher Art von menschlichem Leid für immer verändert, heißt es darin. Am Kreuz habe Gott selbst den Becher des Schmerzes bis zum Bodensatz ausgetrunken. Und weil er es selbst getrunken hat, sei das der beste Beweis, dass der Schmerzenstrank nicht vergiftet sei, sondern dass eine Perle auf dem Boden des Bechers zu finden sei. Diese Perle hat die Dimension einer Hoffnung, die in unsere Welt hineingekommen ist, die mit nichts anderem zu vergleichen ist. Es ist die Hoffnung, die aus der Auferstehung kommt. Denn Jesus Christus ist nicht im Leiden und im Tod geblieben, sondern hat mit seiner Auferstehung die bestehenden Gesetzmäßigkeiten ausgehebelt und selbst dem Tod eine Krone der Hoffnung verpasst. Das eröffnet uns einen gewaltigen Hoffnungshorizont, über den Paulus in der Bibel sagen kann:

Tod, wo ist dein Sieg? Tod, wo ist dein Stachel? (1.Korinther 15,55)

Von dieser Hoffnung sagt die Bibel in Hebräer 6,19, dass sie ein sicherer und fester Anker ist. Die Hoffnung, die Gott uns gibt, ist keine verzweifelte letzte Option, sondern ein Überzeugtsein von der Wirklichkeit des Noch-nicht-Sichtbaren, eine direkte Frucht aus dem Glauben. Oder in den Worten des Philosophen Gabriel Marcel (1889–1973): »Hoffnung ist eine schöne Erinnerung an die Zukunft.«

Von Herzen wünsche ich dir, dass es dir gerade in Zeiten der Krise gelingt, die Hoffnung, die Gott uns anbietet, in dir frisch und lebendig zu halten. Dass du in deinem ganz gewöhnlichen Alltag lernen kannst, deine Seele auf das Richtige zu richten, nach vorne, nach oben, zum Horizont! Die Seele schlägt nämlich oftmals ähnliche Kapriolen, wie damals mein Magen auf dem Schiff, mit dem ich 2016 um Island geschippert bin. Wenn's draußen stürmte und die Wellen hochgingen, hat der schlichte und beruhigende Blick an den Horizont mehr geholfen als jede Tablette. Von diesem Horizont der Hoffnung spricht auch der Psalm 121:

Ich schaue hinauf zu den Bergen - woher wird meine Hilfe kommen? Meine Hilfe kommt vom Herrn, der Himmel und Erde gemacht hat. (Psalm 121,1-2)

Dieser Gott, von dem der Psalmist schreibt, ist ein Gott der Hoffnung. Ich wünsche dir von Herzen, dass dich die eine Sehnsucht ergreift und nicht mehr loslässt, selbst ein Hoffnungsmensch zu werden. Darum möchte ich dir dieses Gebet aus dem Römerbrief ganz persönlich zusprechen:

Der Gott der Hoffnung aber erfülle euch mit aller Freude und allem Frieden im Glauben, dass ihr immer reicher werdet an Hoffnung durch die Kraft des Heiligen Geistes! (Römer 15,13; LUT)

»Überreich« ist ein wunderbares Wort. Es klingt nach mehr als genug. Wenn du dich an den Gott der Hoffnung hängst, wird seine Hoffnung automatisch aus dir herausfließen, dein Leben bestimmen und gleichzeitig die Leben vieler Mitmenschen.

Lebe drauflos, du Hoffnungsmensch.

Andreas Boppart, Missionsleiter bei »Campus für Christus Schweiz, Deutschland und Österreich«. Autor, Prediger und stolzer Vier-Mädels-Papa, hofft auf die Erfindung von Haarwuchsstoppmittel, damit er sich den Gang zum Friseur sparen kann.

Ein Glaube, der nicht hofft, ist krank. Er ist wie ein hungriges Kind, das nicht essen, oder wie ein müder Mensch, der nicht schlafen will. So gewiss der Mensch glaubt, so gewiss hofft er. Und es ist keine Schande zu hoffen, grenzenlos zu hoffen. […]
Und warum sollen wir uns unserer Hoffnung schämen? Nicht unserer Hoffnung werden wir uns einstmals zu schämen haben, sondern unsrer ärmlichen und ängstlichen Hoffnungslosigkeit, die Gott nichts zutraut, die in falscher Demut nicht zugreift, wo Gottes Verheißungen gegeben sind, die resigniert in diesem Leben und sich nicht freuen kann auf Gottes ewige Macht und Herrlichkeit. Je mehr ein Mensch zu hoffen wagt, desto größer wird er mit seiner Hoffnung: Der Mensch wächst mit seiner Hoffnung – wenn es nur die Hoffnung auf Gott und seine alleinige Kraft ist. Die Hoffnung bleibt.[6]

Dietrich Bonhoeffer

6 Dietrich Bonhoeffer, DBW Band 13, London 1933–1935, Seite 401f.

BILDNACHWEIS

Andrea Wegener: GAIN | Claudia Dewald
Patrick Knittelfelder: Tobias Bosina
Inka Hammond: privat
Werner Kübler: privat
Doris Lindsay: privat
Daniel Schöni: privat
Daniela Mailänder: privat
Gunnar Engel: privat
Elena Schulte: privat
Tobias Teichen: ICF München e.V.
Mihamm Kim-Rauchholz: Liebenzeller Mission | Elke Pfrommer
Samuel Koch: Yan Revazov
Déborah Rosenkranz: Gerth Medien | Marc Gilgen
Konstantin Kruse: K5 Konferenz
Jana Highholder: Tibor Normann
Johannes Hartl: Gebetshaus Augsburg
Elke Werner: privat
Andreas Boppart: Campus für Christus Schweiz